JN090960

本 書 の 特 徴 と 使 い 方

　本書は、ＭＳエクセル・ＭＳワードとウェブサイトを利用して、主に**企業経営に関わる現実のデータを入手・加工・分析そして論評**する基本的能力を身につけることを目的としている。具体的内容は目次に見るとおりであり、阪南大学経営情報学部ＢＤ(ﾋﾞｼﾞﾈｽﾃﾞｰﾀ)研究会のメンバーが初学者を想定して執筆している。

　各章とも実習過程では、教員と共に本書通りにＰＣ操作をし、章末でその章で学んだ事項の復習問題に各自が取り組む。この練習問題は、「数値が異なるだけで、ほぼ同じパターンでできる」ものが多い。したがって教員と共に操作をしているときは —— 教員の指示がない限り —— 本書を見る必要はない。しかし、各自で練習問題に取り組むときは、その章の解説を見返しながら操作したりレポート執筆の参考にする必要がある。その際、次の点に留意されたい。

（１）**ゴシックの小見出し**（例えば1-3-2）は、学術上の重要事項のみならず**エクセルの機能**名が多く含まれている。十分には慣れていない操作部分は講義中にマーカーなどでチェックをし、後で見返すように心がけるべきである。

（２）〇数字は操作手順、アルファベットは内容に関わる解説を示す記号である。各ページとも①およびa)から始めている。このような形式をとるのは、一般的な教科書の場合に見られるように「何ページの下から何行目…」などと指し示しにくい障害から解放されるためである。参照箇所を手際よく見出すために活用されたい。特に練習問題に取り組む場合などは、〇数字部分だけを「追え」ばよいわけである。

　本書の内容を十分に習得すれば、経済・経営分野のデータの加工・分析に自ら取り組んで説得力のあるレポートの作成ができるようになる基礎が身につくであろう。

　　　　　　　　2020年3月　阪南大学経営情報学部ＢＤ(ﾋﾞｼﾞﾈｽﾃﾞｰﾀ)研究会一同

目　　　次

第1章　データ処理の基礎 ── Office365エクセルの基本 ──

御園謙吉

　Ｉ－Ｏ．本章の概要　……………………………………………………　1
　1－1．データ入力と計算の基本　………………………………………　2
　1－2．スパークライン　…………………………………………………　3
　1－3．グラフの作成と変更　……………………………………………　4
　1－4．グラフ要素の記入　………………………………………………　5
　1－5．構成比の算出　……………………………………………………　7
　練習問題1　………………………………………………………………　10

第2章　データの入手と加工・分析の基礎

御園謙吉

　2－0．本章の概要　………………………………………………………　11
　2－1．大型小売店販売データの入手　…………………………………　12
　2－2．データの加工：前年比増減率の算出　…………………………　15
　2－3．2軸グラフの作成　………………………………………………　16
　2－4．グラフの検討　……………………………………………………　19
　練習問題2　………………………………………………………………　20

第3章　「マーケット・シェア」を読み取る

山内孝幸

　3－0．本章の概要　………………………………………………………　22
　3－1．マーケット・シェア　……………………………………………　23
　3－2．シェア変動の原因を探る（レポート作成の準備）　……………　25
　3－3．シェア変動の原因を探る《レポート作成》　……………………　26
　練習問題3　………………………………………………………………　26

第4章　会社を数字で見てみよう(1) ─ 連結会計情報とセグメント会計情報 ─

吉城唯史

　4－0．本章の概要　………………………………………………………　29
　4－1．連結会計情報とセグメント会計情報　…………………………　30
　4－2．成長率と寄与度、寄与率　………………………………………　30
　4－2．セブン＆アイ・ホールディングスの成長率と各セグメントの
　　　　寄与度、寄与率《実習》　…………………………………………　33
　練習問題4－1，2　……………………………………………………　35

第5章　日本と世界の企業 ── 企業のパワーと国民国家 ──

　　　　　　　　　　　　　　　　　　　　　　　　　　　　　　伊田昌弘

　　3－0．本章の概要 ………………………………………………… 36
　　3－1．「Forbes」誌のデータ処理《実習》 …………………… 37
　　3－2．国民国家 …………………………………………………… 39
　　3－3．「世界の国」の各種ランキング《実習》 ……………… 40
　　3－4．「世界の国」の人口密度と1人当GDP《実習》 ……… 42
　　3－5．企業のパワーと国民国家 ………………………………… 43
　　練習問題5 ………………………………………………………… 44

第6章　会社を数字で見てみよう(2) ── 利益とキャッシュフロー ──

　　　　　　　　　　　　　　　　　　　　　　　　　　　　　　中條良美

　　6－0．本章の概要 ………………………………………………… 46
　　6－1．各種の利益と売上高利益率 ……………………………… 47
　　6－2．売上高利益率の計算とグラフ化《実習》 ……………… 48
　　6－3．キャッシュフロー分析 …………………………………… 49
　　6－4．営業キャッシュフロー・マージンの計算とグラフ化《実習》… 51
　　練習問題6－1 …………………………………………………… 53
　　練習問題6－2 …………………………………………………… 54

第7章　eマーケティング入門

　　　　　　　　　　　　　　　　　　　　　　　　　　　　　　川端庸子

　　7－0．本章の概要 ………………………………………………… 55
　　7－1．ロングテール現象 ………………………………………… 56
　　7－2．度数分布表の作成とグラフ化《実習》 ………………… 57
　　7－3．e-マーケティングの潮流を探る《レポート作成》 … 59
　　練習問題7 ………………………………………………………… 59

第8章　株式会社と株価 ── 株価チャートによる検討 ──

　　　　　　　　　　　　　　　　　　　　　　　　　　　　　　奥康平

　　8－0．本章の概要 ………………………………………………… 61
　　8－1．「株式」、「株価」とは何か ……………………………… 62
　　8－2．ローソク足チャートとは？ ……………………………… 62
　　練習問題8 ………………………………………………………… 69

第9章　会社を数字で見てみよう(3) ── 安全性と収益性の分析 ──

吉城唯史

　　9－0．本章の概要 ……………………………………………… 70
　　9－1．安全性の分析 ……………………………………………… 71
　　9－2．収益性の分析 ……………………………………………… 73
　　9－3．キリンとアサヒの安全性と収益性《実習》 ……………… 74
　　練習問題9－1，2 …………………………………………… 76

第10章　プロダクト・ポートフォリオ入門

山内孝幸

　　10－0．本章の概要 ……………………………………………… 77
　　10－1．プロダクト・ポートフォリオ・マネジメント ………… 78
　　10－2．プロダクト・ポートフォリオ・マネジメントの実際《実習》 …… 80
　　練習問題10 …………………………………………………… 86

第11章　会社を数字で見てみよう(4) ── 損益分岐点分析 ──

吉城唯史

　　11－0．本章の概要 ……………………………………………… 87
　　11－1．損益分岐点分析とは？ ………………………………… 88
　　11－2．損益分岐点比率 ………………………………………… 89
　　11－3．日本企業の損益分岐点比率《実習》 ………………… 90
　　練習問題11 …………………………………………………… 92
　　【参考】損益分岐点売上高の公式 …………………………… 92

第12章　自動車をめぐるグローバル競争 ── 販売量と価格の経営戦略 ──

伊田昌弘

　　12－0．本章の概要 ……………………………………………… 94
　　12－1．グローバル市場としての自動車産業 ………………… 95
　　12－2．一人当売上高の要因分解 ……………………………… 97
　　12－3．要因分解と散布図《実習》 …………………………… 98
　　練習問題12 …………………………………………………… 99

第13章　会社を数字で見てみよう⑸ ── ROAの要因分解と総資産 ──

御園謙吉

13-0. 本章の概要 ……………………………………………………100
13-1. 総資本回転率とROAの 要因分解 ………………………101
13-2. 乗用車メーカー8社の財務指標の算出《実習》 …………102
13-3. バブルチャートによる財務指標の表示《実習》 …………102
練習問題13 …………………………………………………………106

第14章　データとデータの関係 ── 相関と相関係数 ──

御園謙吉

14-0. 本章の概要 ……………………………………………………107
14-1. 散布図と相関 …………………………………………………108
14-2. 相関の強さ ……………………………………………………109
14-3. 相関係数の算出と相関図《実習》 …………………………111
練習問題14 …………………………………………………………114

第15章　回帰分析

伊田昌弘

15-0. 本章の概要 ……………………………………………………116
15-1. 回帰分析とは？ ………………………………………………117
15-2. 線形回帰モデル ………………………………………………117
15-3. 回帰式のイメージ ……………………………………………118
15-4. 仮説の設定 ……………………………………………………119
15-5. 単回帰分析《実習》 …………………………………………119
練習問題15 …………………………………………………………122

第　1　章
デ　ー　タ　処　理　の　基　礎
― Office365 エクセルの基本 ―

1－0．本章の概要

a) 本章ではエクセルに代表される表計算ソフトの基本操作、つまり、データを入力してそれを加工（計算・グラフ化）する基本的な過程を確認・習得する。

b) インプットするデータは時間の関係上、架空のものであるが、「学術上の‘しきたり’」である「データ・ソースの明示」および、表計算ソフト習得の第一関門とも言うべき混合参照（複合参照）に関わる操作方法を習得することが最重要の目標である。

c) 作成するグラフは下図のようなものである（操作は「カラー版」で行う）。また、「店舗別構成比」を混合参照を用いて算出する。

図表1 － 0

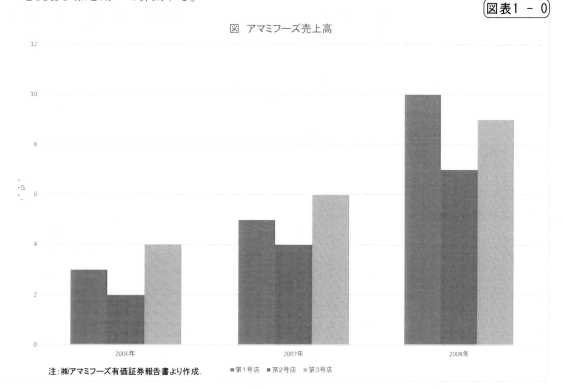

図　アマミフーズ売上高

注：㈱アマミフーズ有価証券報告書より作成.　■第1号店　■第2号店　■第3号店

1－1．データ入力と計算の基本

a) ここでは、文字・数値入力の基本的事項と「オートサム」を確認する。

1-1-1) 文字・数値入力

①エクセルを立ち上げ、まず下図のように入力する。その際の留意点は下記。

図表1－1

	A	B	C	D	E
1	表 店舗別売上高(単位:百万円)				
2		第1号店			合計
3	2006年	3	2	4	
4		5	4	6	
5		10	7	9	
6	注:㈱アマミフーズ有価証券報告書より作成.				

b) A1セルに、**表 店舗別売上高（単位：百万円）** と入力（右隣のB1、C1セルには何も入力しない）。

c) A6セルも同様。なお、㈱ は、**かぶ** とタイプして変換する。

d) E2セル**合計**などの「中央揃え」は、対象セルをクリックしてから右図のボタンをクリックする。

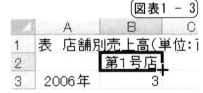

e) <u>数値のみのセル（B3～D5セル）は半角入力モードでインプット</u>する（全角入力モードだと、エンターを2回たたかないと入力が完了しないので、この方が速い）。

1-1-2) オートフィル

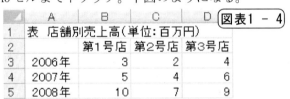

図表1－3

②B2セルをクリックし、右図のようにセル右下端（**フィルハンドル**と言う）にポインタを置いて**十**形にしてD2セルまでドラッグ。

③A3セルをクリックし、上と同様にしてA5セルまでドラッグ。下図のようになる。

図表1－4

	A	B	C	D
1	表 店舗別売上高(単位:百万円)			
2		第1号店	第2号店	第3号店
3	2006年	3	2	4
4	2007年	5	4	6
5	2008年	10	7	9

f) このように、年月日などが入力されたセルをフィルハンドルでコピーする操作を行うと、<u>連続したものが自動的に入力</u>される。これを**オートフィル機能**と言う。

1-1-3) オートサム

④E3セルをクリックし、ホーム・タブの Σ をクリックし、エンター。

図表1－5

⑤E3セルをクリックし、右図のようにフィルハンドルにポインタを置いてダブルクリック。

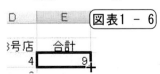

図表1－6

1－2．スパークライン

a）ここで、<u>グラフを作成する操作をしなくても、手軽に折れ線または縦棒で数値の動き等を確認できる</u>、**スパークライン**で売上の推移を確認する。（なお、この機能は、1系列が5セル程度以上で増減があるときに、より有効である。）

1-2-1）スパークラインの設定とそのコピー

b）ここでは、店毎の年次変化を折れ線で見ることにする。

①B3～B5セルをドラッグし、挿入タブの「スパークライン」で折れ線を選ぶ。

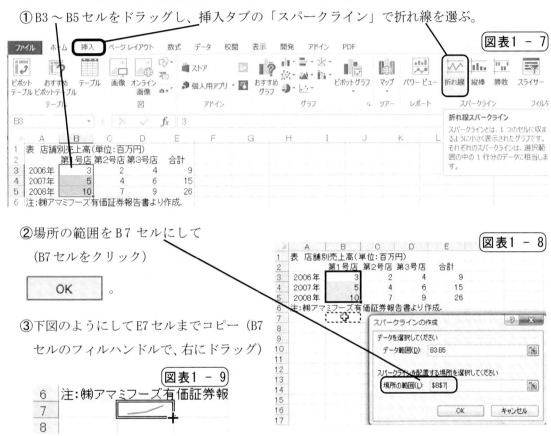

図表1－7

②場所の範囲をB7セルにして
（B7セルをクリック）

OK 。

③下図のようにしてE7セルまでコピー（B7セルのフィルハンドルで、右にドラッグ）

図表1－9

図表1－8

1-2-2）スパークラインの消去

c）スパークラインを消したい場合、デリート・キーをたたいても消えない。消去方法は、

④**デザイン・タブで**<u>スパークラインが表示されているセルをクリック</u>して、

⑤**スパークライン ツールを**クリックして**クリア**を選ぶ。

図表1－10

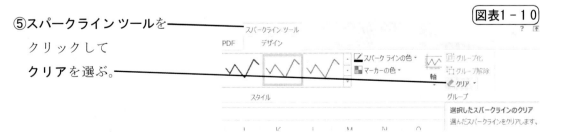

1－3．グラフの作成と変更

a)ここでは、縦棒グラフを作成した後、何通りかの変更ができることを確認する。

1-3-1) 積み上げ縦棒グラフ

①A2～D5セルをドラッグし、挿入タブで縦棒の中の、**積み上げ縦棒**を選ぶ。

図表1－11

1-3-2) 行列の切り替え

b)今、グラフツールの**デザイン**・タブが選ばれている。

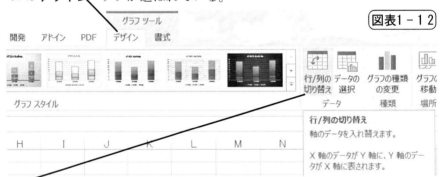

図表1－12

②**行/列の切り替え**をクリック。

c)店別かつ3店合計の年次推移がわかるグラフが出来たが、店別売上の大小を明確にすため、次のようにする。

1-3-3) グラフの種類の変更

③（同じくデザインタブで）「グラフの種類の変更」をクリック（右図）。

★デザインタブが選ばれていなければ、グラフ枠内をクリックしてデザインタブを選ぶ。

図表1－13

①**集合縦棒**を選んで

　　　OK　　　。

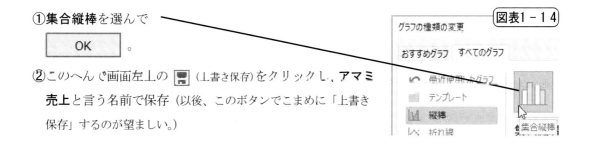

図表1－14

②このへんで画面左上の 🖫 (上書き保存)をクリックし、**アマミ売上**と言う名前で保存 (以後、このボタンでこまめに「上書き保存」するのが望ましい。)

1－4．グラフ要素の記入

1-4-1) グラフの場所の移動

a) グラフを提示する場合 (レポートやプレゼンで使う場合)、<u>タイトルや単位はもちろん、出所 (**データ・ソース**) などを明示 (記入) しなくてはならない。</u>

b) その際、グラフがシート上に**オブジェクト**の状態で表示されているより、独立したシート上にある (画面全てがグラフ) 方が操作しやすいので、次のようにする。・・・・ここでの例では数値がわずか9セル分なので、シート上のオブジェクトでも操作は容易であるが、数十セル以上の場合、次のようにしないと作業しにくい。

③ (デザインタブで) **グラフの移動**をクリック。

図表1－15

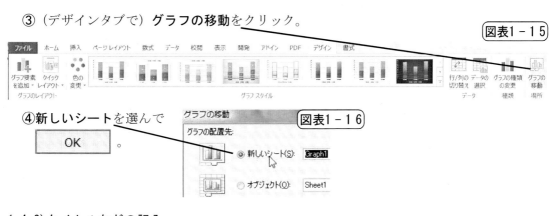

④**新しいシート**を選んで

　　　OK　　　。

図表1－16

1-4-2) タイトルなどの記入

⑤グラフタイトルを 図　**アマミフーズ売上高**　と書き換える。

スペースを入れる

⑥**軸ラベル**にチェックを入れ (て記入できるようにす) る。

図表1－17

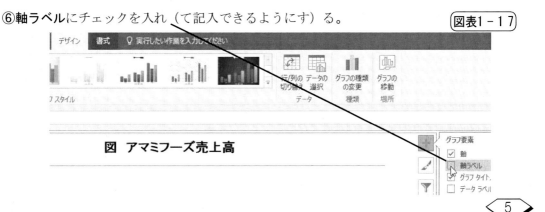

図　アマミフーズ売上高

①  の状態で<u>トリプル・クリック</u>し、**百万円**に書き換える。続けて

の状態で<u>右</u>クリック。

a) トリプル・クリックして書き込めば、バックスペース・キーなどを使って消す必要がなくなるので、手早い。

②**軸ラベルの書式設定**をクリックし、(サイズ と プロパティ)をクリックして、**文字列の方向**で

縦書きを選び、

× (閉じる)。

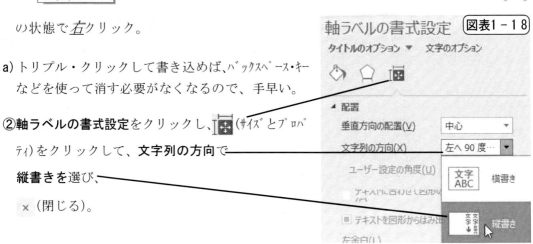

図表1−18

1-4-4) 数式バーを利用した注の記入

b) 次に注を記入する。ここでの場合、自らデータを加工して作成された図表なので、**〇〇より作成.** と記すのが適当である。（もし、ある図表を何の加工もせずそのまま掲載した場合は、**出所：〇〇** p.** 、**資料：〇〇**などと記す。）

c) 注はグラフの下に配置する。

③右図のように書式タブで

横書きテキストボックスを選び、<u>グラフ内にポインタを移動して</u> ↓ 形なったら、クリック。

図表1−19

d) ここでは、**注：㈱アマミフーズ有価証券報告書より作成.** と記入する。しかしこの文字列はすでに Sheet1 でインプットしてあるので、次のようにして手早く入力する。

④数式バーをクリックして ＝(イコール) を入力。

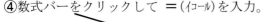

図表1−20

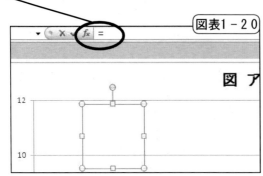

①Sheet1 に戻り、このように A6 セルをクリックして、エンター。

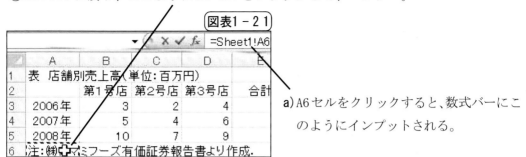

図表1－21

a) A6 セルをクリックすると、数式バーにこのようにインプットされる。

②右図円内の ⦿ にポインタを置いて ↘ 形にし、適切な大きさにドラッグ。

図表1－22

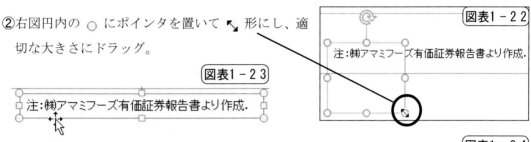

図表1－23

③上図のようにテキストボックスの枠線上にポインタを置き、グラフ左下の余白までドラッグ。その際、グラフ下部が見えない場合は、右図のように**表示**→「選択範囲に合わせて拡大／縮小」とすると、操作しやすくなることがある。

図表1－24

b) なお、コントロール・キーを押しながらセンターホイールを回すと画面の拡大・縮小が手早くできる（MS-Word も同様）。

④画面上の □ をクリックして、作成したものを確認したら、ホームに戻る。上のボタンがない場合、 ▼ をクリックして**印刷プレビューと印刷**を選ぶ。

⑤ 💾 をクリックして上書き保存する。

図表1－25

1－5．構成比の算出

1-5-1) 相対参照と絶対参照

c) 次に、各年の各店舗の全体に占める割合＝**構成比**を求めよう（グラフではおおよそのことしかわからない）。

① Sheet1 の第8行目以下に右図のようにインプット（もちろんコピー機能を用いる）。

図表1−26

	A	B	C	D	E
1	表　店舗別売上高(単位:百万円)				
2		第1号店	第2号店	第3号店	合計
3	2006年	3	2	4	9
4	2007年	5	4	6	15
5	2008年	10	7	9	26
6	注:㈱アマミフーズ有価証券報告書より作成.				
7					
8	<構成比(%)>				
9		第1号店	第2号店	第3号店	合計
10	2006年				
11	2007年				
12	2008年				

a) B10 セルに限り、その入力式は、＝B3/E3*100 でよいが、フィルハンドル・ドラッグ（セル右下端で＋にしてドラッグ）でコピーすると、右図のようになり、正しく算出されない。

図表1−27

	A	B	C	D	E
8	<構成比(%)>				
9		第1号店	第2号店	第3号店	合計
10	2006年	33.3	#DIV/0!	#DIV/0!	#DIV/0!
11	2007年	33.3	#DIV/0!	#DIV/0!	#DIV/0!
12	2008年	38.5	#DIV/0!	#DIV/0!	#DIV/0!

b) それは、計算式をフィルハンドル・ドラッグでコピーすると、相対的な位置関係がコピーされるからである。

c) つまり、B10 セルの相対的な式内容＝「7つ上のセルの値÷そこから3つ右のセルの値×100」がコピーされる。このようなコピーを**相対参照**と言う。

図表1−28

	A	B	C	D	E	F
1	表　店舗別売上高(単位:百万円)					
2		第1号店	第2号店	第3号店	合計	
3	2006年	3	2	4	9	
4	2007年	5	4	6	15	
5	2008年	10	7	9	26	
6	注:㈱アマミフーズ有価証券報告書より作成.					
7						
8	<構成比(%)>					
9		第1号店	第2号店	第3号店	合計	
10	2006年	33.3	#DIV/0!	#DIV/0!	#DIV/0!	
11	2007年	33.3	=C4/F4*100		#DIV/0!	
12	2008年	38.5	#DIV/0!	#DIV/0!	#DIV/0!	

d) したがって、例えばC11 セルをダブルクリックすると、上図のようになる。分子は適切だが、分母の位置が正しくない。

e) そこで、分母を固定する（コピーしても分母が変わらないようにする）。

f) そうでないと、ここでは12個のセルに計算式を入力しなければならない。セルを固定するには、そのセルを入力した時点で**F4(ﾌｧﾝｸｼｮﾝ・4)**キーをたたく。B10 セルの場合、＝B3/E3 とした時点でF4を1回たたいて＝B3/$E$3 とする。続いて*100 をタイプする。

g) この式でE12 セルまでコピーすると右図のようになり、2006年については正しいが、他は正しくない（構成比が100％を超えている箇所がある）。

図表1−29

	A	B	C	D	E
8	<構成比(%)>				
9		第1号店	第2号店	第3号店	合計
10	2006年	33.3	22.2	44.4	100.0
11	2007年	55.6	44.4	66.7	166.7
12	2008年	111.1	77.8	100.0	288.9

a）先と同じく C11 セルをダブルクリックすると右図のように、分母の列は正しいが、行がズレている（1年前の合計が分母になっている）。

図表1-30

	A	B	C	D	E
1	表 店舗別売上高（単位：百万円）				
2		第1号店	第2号店	第3号店	合計
3	2006年	3	2	4	9
4	2007年	5	4	6	15
5	2008年	10	7	9	26
6	注：㈱アマミフーズ有価証券報告書より作成.				
7					
8	＜構成比(%)＞				
9		第1号店	第2号店	第3号店	合計
10	2006年	33.3	22.2	44.4	100.0
11	2007年	55.6	=C4/$E$3*100		166.7

b）これは、$が列番号の前に付いていれば列が固定され、行番号の前では行が固定されるからである。両方についていればそのセル自体が固定される。これを**絶対参照**と言う。

c）ここでは、どのようにすれば右→下へのフィルハンドル・ドラッグによるコピーで全て正しい計算結果になるであろうか。

d）分母の合計は、年次によって行は異なるが、合計は、どの年（行）も E 列にある。したがって E 列を固定するために、列番号の前だけに $ をつける。

1-5-2）混合参照（複合参照）

①B10 セルに、＝B3/E3 とインプット（セル名は、そのセルをクリックしてインプット）した時点で**F4（ファンクション・4）**キーを何度か、たたいて $E3 とし、続けて *100 とタイプしてエンター。

②ホームタブの「数値」（右図）にある ←.0 .00 を使って小数点第1位まで表示（右のボタンが表示桁数を減らす）。

図表1-31
標準
% ,
数値

③そして右に E10 セルまでフィルハンドル・ドラッグでコピーし、下図の状態でダブルクリック。・・・・コピー箇所が下に何行もあるときなどは、このようにダブルクリックする方が手早い。

図表1-32

8	＜構成比(%)＞			
9		第1号店	第2号店	第3号店	合計
10	2006年	33.3	22.2	44.4	100.0
11	2007年				
12	2008年				

④例えば D12 セルをダブルクリックして正確かどうか確かめる。

e）このように、列番号または行番号のいずれか一方の前にだけ $ を付けて（どちらかだけを固定して）コピーする方法を**混合参照**（または**複合参照**）と言う。・・・・「$なし」の相対参照と「どちらも $ 付の」絶対参照の混合（または複合）と言う意味。

★相対参照、絶対参照、**混合参照を使いこなすこと**が、表計算ソフト（エクセルがその代表）を用いる最大のメリットの1つである。　重要

練習問題1

下記の手順・指示に従って操作しなさい。

①Sheet1のA2〜E5セルを範囲指定してコピー（元の指定）。

②Sheet2のA1セル上で*右*クリックし、ここ（行列を入れ替える）でクリック。

③下図のように7行目以下をインプットし、混合参照を用いて罫線内部分（B9〜D12セル）を算出する（色や罫線は付けなくてよい）。

図表1-33

	A	B	C	D
1		2006年	2007年	200
2	第1号店	3	5	
3	第2号店	2	4	
4	第3号	貼り付けのオプション：		
5	合計			
6				
7				
8		行列を入れ替える (T)		

図表1-34

	A	B	C	D
1		2006年	2007年	2008年
2	第1号店	3	5	10
3	第2号店	2	4	7
4	第3号店	4	6	9
5	合計	9	15	26
6				
7	＜構成比(%)＞			
8		2006年	2007年	2008年
9	第1号店			
10	第2号店			
11	第3号店			
12	合計			

④ で小数点第1位まで表示。なお、**合計**は全て100.0。

⑤完成したファイル（Sheet1、Graph1、Sheet2が完成した**ブック**）を提出する。ファイル名は、7桁数値の学籍番号。例えば、5116999.xlsx。

第1章の復習（重要確認事項）

p.1〜10には、エクセルを用いてデータ処理をする際の基本的かつ非常に重要な内容が盛り込まれている。特にグラフ作成の手順については、第2章以降でエクセルを操作する際の前提習得事項である。この点を含めて以下でポイントを記す。

1) オートサム…p.2④

2) グラフ作成の「第一歩」…p.4①

3) グラフでの行列の切り替え…p.4b)・②

4) グラフ種類の変更…p.4③

5) グラフの場所の移動…p.5③・④

6) グラフのラベルの記入と配置…p.5⑥〜p.6②

7) グラフの注の記入（数式バー利用）…p.6b)〜p.7②

8) F4キーと混合参照…p.9①・e)

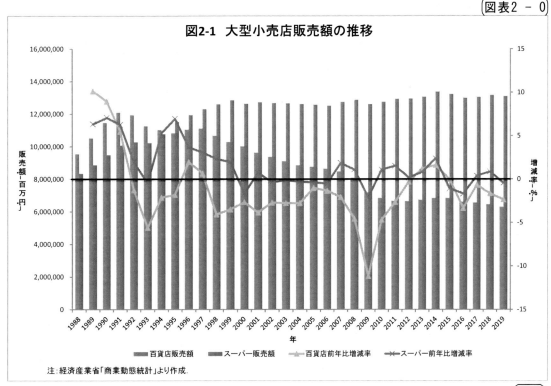

第 2 章

データの入手と加工・分析の基礎

２－０．本章の概要

a) 本章では**経済産業省**ウェブサイトから**データを入手**してそれを**加工**し、年々の変化を把握するための基本的な手法を習得する。

b) 具体的には、**大型小売店**（百貨店とスーパー・マーケット）の販売額データを取り出して**増減率**を算出し、下のような**２軸グラフ**を作成する（作業は「カラー版」）。

c) そして**読図**（グラフの解釈）とその表現に関する基本事項の習得をめざす。

図2-1 大型小売店販売額の推移

注：経済産業省「商業動態統計」より作成.

2-1. 百貨店とスーパーの販売データの入手

2-1-1) 商業動態統計

a）百貨店とスーパーの販売額は、それぞれの業界団体、つまり、日本百貨店協会、日本チェーンストア協会が毎月発表している。なお、コンビニの販売額は日本フランチャイズチェーン協会が毎月発表している。

b）他方、小売業だけでなく製造業、サービス業など様々な業界の指導等をする**経済産業省**が、商業販売額を把握・発表している。ここでは、百貨店とスーパーのデータを同時に入手できる**商業動態統計**を利用する。（以下、2020年2月中旬時点での提供データによる。）

①ネットの検索ツールで、**商業動態統計**と入力し、**統計表一覧**をクリック。続いて**時系列データ**でクリック。

②**百貨店・スーパー商品別販売額**　をクリック。

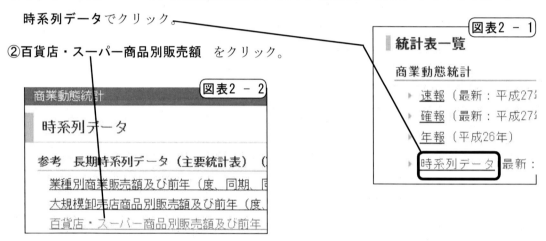

図表2－1

図表2－2

③保存をクリックし、**フォルダを開く**。そしてh2slt31jを立ち上げ、
編集を有効にする(E)　をクリック。

2-1-2) 販売データの選択・整頓

④シート**目次(Index)**のここをクリック。

★この操作ができない場合は、シート業態百貨店　販売額　年をクリック（後で作業を行うスーパーについても同様）。

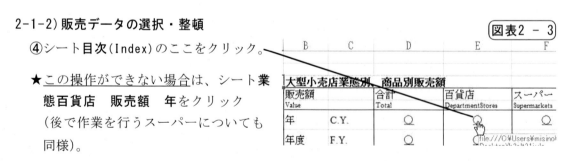

図表2－3

c）年毎の販売額が載っているシートが出る。ここでは、合計（総額）と、衣料品、飲食良品の3系列のバブル経済期(1980年代末～90年代初頭)以降について検討する。

d）スーパーを含めて、入力すべきデータは、次ページ**図表2-4**に示した6系列・約30

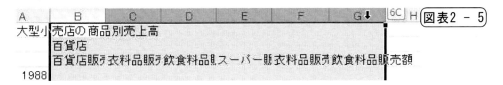

	百貨店			スーパー		
表 大型小売店の品目別売上高	百貨店販売額	衣料品販売額	飲食料品販売額	スーパー販売額	衣料品販売額	飲食料品販売額
1988	9,551,819	4,728,655	2,026,186	8,332,604	2,624,884	3,493,995
1989	10,510,550	5,211,724	2,168,431	8,859,727	2,774,936	3,733,027
1990	11,456,083	5,667,560	2,351,507	9,485,850	2,971,950	4,043,320
1991	12,085,175	6,055,785	2,539,596	10,079,021	3,108,907	4,384,989
1992	11,930,277	6,000,251	2,604,238	10,273,566	3,083,876	4,548,240
1993	11,263,552	5,665,827	2,532,972	10,226,190	2,998,421	4,611,687
1994	11,024,892	5,536,011	2,512,623	10,767,925	2,994,291	4,945,379
1995	10,824,837	5,436,177	2,492,208	11,514,924	3,100,328	5,366,606
1996	11,038,970	5,580,583	2,521,921	11,937,190	3,131,366	5,594,975
1997	11,109,066	5,625,655	2,561,688	12,303,869	3,091,005	5,870,259
1998	10,657,309	5,409,271	2,505,223	12,591,146	3,021,796	6,184,690
1999	10,285,382	5,211,906	2,453,446	12,839,022	2,919,980	6,478,184
2000	10,011,462	5,065,589	2,430,185	12,622,417	2,731,131	6,457,738
2001	9,626,133	4,875,607	2,373,416	12,714,733	2,638,273	6,683,495
2002	9,365,181	4,767,042	2,329,045	12,667,659	2,454,421	6,947,226
2003	9,106,678	4,643,339	2,292,044	12,662,576	2,328,133	7,189,206
2004	8,853,570	4,459,955	2,259,735	12,613,663	2,223,049	7,428,241
2005	8,762,928	4,429,015	2,210,929	12,565,422	2,190,013	7,433,601
2006	8,643,991	4,365,591	2,197,208	12,500,985	2,077,024	7,471,397
2007	8,465,218	4,239,563	2,170,772	12,733,557	2,024,213	7,696,097
2008	8,078,722	3,960,885	2,173,185	12,872,378	1,903,242	7,983,370
2009	7,177,191	3,394,910	2,040,727	12,598,587	1,681,185	8,030,829
2010	6,841,759	3,193,546	1,969,304	12,737,304	1,564,938	8,220,866
2011	6,660,593	3,101,466	1,935,730	12,932,685	1,489,155	8,457,926
2012	6,638,937	3,097,807	1,916,244	12,952,689	1,472,604	8,535,260
2013	6,719,526	3,126,829	1,911,969	13,057,880	1,410,086	8,734,942
2014	6,827,373	3,162,035	1,928,884	13,369,938	1,352,766	9,071,134
2015	6,825,769	3,099,683	1,925,679	13,223,308	1,311,276	9,363,387
2016	6,597,620	2,920,897	1,895,414	13,000,234	1,256,455	9,552,469
2017	6,552,855	2,852,858	1,861,890	13,049,653	1,200,706	9,644,030
2018	6,443,416	2,780,748	1,811,601	13,160,939	1,135,158	9,830,204
2019	6,291,945	2,667,149	1,773,834	13,101,474	1,084,376	9,849,520

ａ）以下、上のような表を作成するための作業手順を説明する。

2-1-3）新しいファイルの立ち上げ、列幅変更、列幅自動調整

①新しいエクセルファイルを立ち上げる。その際、コントロール・キーを押しながらＮの キーをたたくのが手早い。

②そして、まず、上の**図表2-4**の第３行めまでタイプする（その際、コピー機能を使うのが 速い）。

ｂ）しかし第３行は、列幅を変えないと上図のようには表示されないので、

③Ｂ～Ｇの列番号上をドラッグし（下図のようにＢ～Ｇ列全体が反転する）、

④例えば　F ↔ G 　のように指定範囲中の任意の列間にポインタを置いて　↔　形 にして、ダブルクリック。

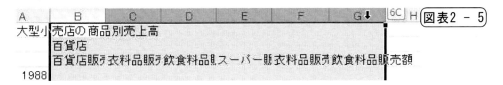

図表2－5

⑤Ａ列幅の調整は、Ｂ列との境にポインタを置いて　↔　形にし、少々左にドラッグする。

2-1-4) 連番入力

図表2 - 6

	A	B
1	表　大型小売店の品	
2		百貨店
3		百貨店販
4	1988	9,551
5		10,516
6		11,456

a) 次にA4 セル以下のインプット。

①A4 セルに**1988** とタイプし、フィルハンドルにポインタを置いて(p. 2 ②**参照**)、コントロール・キーを押す（右図のように、＋の右上に小さな＋が現れる)。

②コントロール・キーを押したまま、下にドラッグし、ここに最新年が出てきたら、右指→左指の順で離す。

1989

図表2 - 7

	A
1	表　大型小
2	
3	
4	1988
5	1989

2-1-5) 離れた部分の範囲指定

b) 次に、ダウンロードしたファイルから該当箇所をコピーする。

③ファイル**h2slt31j**の販売額のシートで、マウスのセンターホイールを転がして第13行目以下を見えるようにする。**編集を有効**にしてから

④下図のようにC・D列の1988 年以下をドラッグしてから、コントロール・キーを押しながらＩ列の該当部分をドラッグして、コピー（元の指定を）して、

図表2 - 8

百貨店・スーパー商品別販売額　（２）百貨店

Departmentstores and Supermarkets sales value by goods and percentage change from the same month

(2) Departmentstores

年 (C.Y.)	合計 Total	衣料品 Clothes	紳士服・洋品 Men's	婦人・子供服・洋品 Women's and Children's	その他の衣料品 Other Clothing	身の回り品 Accessories	飲食料品 Food and Beverages
59	7,643,753	3,732,883	803,387	1,759,836	593,504	576,156	1,646,307
60	7,982,465	3,931,947	843,879	1,879,588	594,696	613,784	1,717,928
61	8,416,439	4,167,903	886,819	2,024,390	598,782	657,912	1,817,433
62	8,879,340	4,409,551	938,377	2,166,069	605,448	699,656	1,906,949
63	9,551,819	4,723,855	1,013,005	2,339,093	621,594	754,962	2,026,186
平成　元 年	10,516,550	5,211,724	1,112,116	2,595,380	641,820	862,608	2,188,431
2	11,456,083	5,687,560	1,199,759	2,835,999	664,884	966,919	2,351,507
3	12,085,175	6,055,785	1,269,715	3,054,342	677,648	1,054,079	2,539,598
4	11,930,277	6,000,251	1,215,636	3,070,137	652,917	1,061,561	2,604,238
5	11,263,552	5,665,827	1,077,009	2,959,232	601,254	1,028,333	2,532,972
6	11,024,892	5,536,011	1,031,941	2,920,603	571,291	1,012,176	2,512,823
7	10,824,837	5,436,177	1,012,849	2,884,207	534,613	1,004,508	2,492,208
8	11,038,970	5,580,583	1,028,668	2,983,025	519,377	1,049,512	2,521,921
9	11,109,066	5,625,655	1,031,598	3,049,579	484,395	1,059,583	2,561,688
10	10,657,309	5,409,271	968,852	2,965,487	432,109	1,042,823	2,505,223
11	10,285,382	5,211,906	901,947	2,873,731	394,579	1,041,649	2,453,446
12	10,011,462	5,065,589	828,196	2,816,704	367,180	1,053,509	2,430,185
13	9,626,133	4,875,607	765,274	2,713,590	339,510	1,057,234	2,373,416
14	9,365,181	4,767,042	722,877	2,656,851	317,846	1,069,469	2,329,045
15	9,106,678	4,643,339	696,488	2,585,988	298,045	1,062,818	2,292,044
16	8,853,570	4,459,955	660,400	2,461,588	279,285	1,058,683	2,259,735
17	8,762,928	4,429,015	661,946	2,420,593	270,192	1,076,284	2,210,929
18	8,643,991	4,365,591	647,558	2,381,129	255,402	1,081,501	2,187,208
19	8,465,218	4,239,583	630,872	2,286,164	247,621	1,074,906	2,170,772
20	8,078,722	3,960,885	592,089	2,131,930	232,082	1,004,784	2,173,185
21	7,177,191	3,394,910	497,462	1,832,002	201,020	864,426	2,040,727
22	6,841,759	3,193,546	467,922	1,722,038	181,636	821,950	1,969,304
23	6,660,593	3,101,466	458,359	1,664,718	170,933	807,406	1,935,730
24	6,638,937	3,097,807	460,102	1,666,246	166,646	804,813	1,916,244
25	6,719,526	3,126,829	461,363	1,660,388	165,703	839,375	1,911,969
26	6,827,373	3,182,035	468,533	1,653,709	168,018	871,776	1,928,884
27	6,825,769	3,099,683	458,736	1,601,312	159,490	880,146	1,925,679
28	6,597,620	2,920,897	430,615	1,495,879	150,339	844,064	1,895,414

★最終行(最新年)まで範囲指定

⑤ファイル**book1**（連番入力したシート）のB4 セルで貼り付ける。

⑥スーパーについても、p. 12 ④の操作をした後、上の③以下と同様にする。

⑦このへんで 💾（上書き保存）をクリック。ファイル名を**大型小売店**として、保存(S)

２－２．データの加工：前年比増減率の算出

2-2-1) 時系列データ

a) このデータように、時間的に連続しているデータを**時系列データ**と言う。

b) しかし、このままではグラフ化しても把握できることは少ない。時系列データを処理する場合、まず、前期から当期にかけて（ここでは、前年から当年にかけて）どのくらいの割合で増加あるいは減少したかを把握する。

c) ここでは、まず、百貨店とスーパーそれぞれの販売額合計（**総額**）と、商品別販売額が年々どれくらい増大（または減少）しているかを算出する。

2-2-2) 前年比増減率の算出準備

d) H列以降にまず項目名を記入するが、その前に作業をしやすくするため、次のようにする。

①B3 ～ G3 セルをコピー元として指定し、H3 セルで貼り付ける。

②H3 セルを **百貨店前年比増減率** に、K3 セルを **スーパー前年比増減率** に書き換える。

③列幅自動調整をする。ただし、モニタの横幅が狭く、M列などが見えなくなる場合は、列幅を適度に調整する（p. 13 ④参照）。または、  をクリック。

2-2-3) 前年比増減率の算出 ［重　要］

e) 増減率は、増えた（または減った）分を、増える（減る）**前の値で割って**求める。例えば、あるスポーツ選手の年俸が 5,000 万円から 6,000 万円になったとき、その増減率(%)を求める式は、

= (6000-5000) ÷ 5000 × 100

★ 100 を掛けるのは、%表示にするためである。

④下図のように H5 セルに　＝(B5-B4)/B4*100　と入力。セル番号は、そのセルをクリックして入力する。ここは前年のデータがないので、算出できない（あけておく）。

［図表２－８］

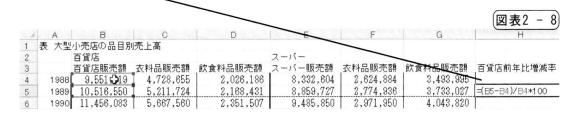

	A	B	C	D	E	F	G	H
1	表 大型小売店の品目別売上高							
2		百貨店			スーパー			
3		百貨店販売額	衣料品販売額	飲食料品販売額	スーパー販売額	衣料品販売額	飲食料品販売額	百貨店前年比増減率
4	1988	9,551,519	4,728,655	2,026,186	8,332,604	2,624,884	3,493,995	
5	1989	10,516,550	5,211,724	2,168,431	8,859,727	2,774,936	3,733,027	=(B5-B4)/B4*100
6	1990	11,456,083	5,667,560	2,351,507	9,485,850	2,971,950	4,043,820	

⑤H5 セルをクリックし、ホームタブの　⇆.0 .00 →.0　で小数点第２位まで表示。

a）H5 セルを<u>ダブルクリック</u>して式内容を確認すると、「6つ左のセルからそのひとつ上のセルを引いたものを、6つ左でそのひとつ上のセルで割って、100 を掛ける」と言う**相対参照**である。この関係は、算出しようとしている範囲全てに適合するから，

①下図のように、フィルハンドルにポインタを置いて M5 セルまでドラッグし、＋状態で<u>ダブルクリック</u>する。

図表2－9

	H	I	J	K	L	M
	百貨店前年比増減率	衣料品販売額	飲食料品販売額	スーパー前年比増減率	衣料品販売額	飲食料品販売額
	10.1	10.2	7.0	6.3	5.7	6.8

２－３．２軸グラフの作成

2-3-1）作図準備

b）続いてグラフを作成する。ただ、B列からM列まで<u>12 系列</u>も作図対象にすると判別しにくいので、ここでは百貨店とスーパーの販売額合計（**総額**）とその前年比増減率（B、E、H、K列の計4系列）に絞り、対象から除外する（衣料品と飲食料品は**練習問題**で扱う）。

2-3-2）作図範囲の指定（離散部分）

②コントロール・キーを押しながらドラッグし、下図のようにA、B、E、H、K列の各第3行以下を範囲指定する。**空(カラ)** の A3 セルも範囲に入れる。

図表2－10

	A	B	C	D	E	F	G	H	I	J	K	
1	表 大型小売店の品目別売上高											
2		百貨店			スーパー							
3		百貨店販売額	衣料品販売額	飲食料品販売額	スーパー販売額	衣料品販売額	飲食料品販売額	百貨店前年比増減率	衣料品販売額	飲食料品販売額	スーパー前年比増減率	衣料
4	1988	9,551,819	4,728,855	2,026,196	9,332,804	2,624,884	3,493,995					
5	1989	10,516,550	5,211,724	2,168,431	8,859,727	2,774,936	3,733,027	10.1	10.2	7.0	6.3	
6	1990	11,456,083	5,687,560	2,351,507	9,485,850	2,971,950	4,043,820	8.9	8.7	8.4	7.1	
7	1991	12,085,175	6,055,785	2,539,596	10,079,021	3,108,907	4,384,989	5.5	6.8	8.0	6.3	
8	1992	11,930,277	6,000,251	2,604,238	10,273,586	3,083,876	4,548,240	-1.3	-0.9	2.5	1.9	
9	1993	11,263,552	5,665,827	2,532,372	10,226,190	2,998,421	4,611,687	-5.6	-5.6	-2.7	-0.5	
10	1994	11,024,892	5,538,011	2,512,623	10,767,925	2,994,291	4,945,379	-2.1	-2.3	-0.8	5.3	
11	1995	10,824,837	5,436,177	2,492,208	11,514,924	3,100,328	5,366,806	-1.8	-1.8	-0.8	6.9	
12	1996	11,038,970	5,580,583	2,521,921	11,937,190	3,131,368	5,584,975	2.0	2.7	1.2	3.7	
13	1997	11,109,066	5,625,655	2,561,688	12,303,869	3,091,005	5,870,259	0.6	0.8	1.6	3.1	
14	1998	10,657,309	5,409,271	2,505,223	12,591,146	3,021,796	6,184,890	-4.1	-3.8	-2.2	2.3	
15	1999	10,285,382	5,211,906	2,453,446	12,839,022	2,919,980	6,478,184	-3.5	-3.6	-2.1	2.0	
16	2000	10,011,482	5,065,589	2,430,185	12,622,417	2,731,131	6,457,738	-2.7	-2.8	-0.9	-1.7	
17	2001	9,626,133	4,875,607	2,373,416	12,714,733	2,638,273	6,683,495	-3.8	-3.8	-2.3	0.7	
18	2002	9,365,181	4,787,042	2,329,045	12,687,659	2,454,421	6,947,228	-2.7	-2.2	-1.9	-0.4	
19	2003	9,106,878	4,643,339	2,292,044	12,852,576	2,323,133	7,189,206	-2.8	-2.6	-1.6	-0.1	
20	2004	8,853,570	4,459,955	2,259,735	12,813,663	2,223,049	7,428,241	-2.8	-3.9	-1.4	-0.3	
21	2005	8,762,928	4,429,015	2,210,929	12,565,422	2,190,013	7,433,801	-1.0	-0.7	-2.2	-0.4	
22	2006	8,643,991	4,365,591	2,197,208	12,500,985	2,077,024	7,471,397	-1.4	-1.4	-0.6	-0.5	
23	2007	8,465,218	4,239,583	2,170,772	12,733,557	2,024,213	7,896,097	-2.1	-2.9	-1.2	1.9	
24	2008	8,078,722	3,980,885	2,173,185	12,872,378	1,903,242	7,983,370	-4.6	-6.6	0.1	1.1	
25	2009	7,177,191	3,394,910	2,040,727	12,598,587	1,681,185	8,030,829	-11.2	-14.3	-6.1	-2.1	
26	2010	6,841,759	3,193,546	1,989,304	12,737,304	1,564,938	8,220,866	-4.7	-5.9	-3.5	1.1	
27	2011	6,660,593	3,101,466	1,935,730	12,932,685	1,489,155	8,457,928	-2.6	-2.9	-1.7	1.5	
28	2012	6,638,937	3,097,807	1,916,244	12,952,689	1,472,604	8,535,260	-0.3	-0.1	-1.0	0.2	
29	2013	6,719,526	3,126,829	1,911,969	13,057,860	1,410,086	8,734,942	1.2	0.9	-0.2	0.8	
30	2014	6,827,373	3,162,035	1,928,384	13,369,938	1,352,768	9,071,134	1.6	1.1	0.9	2.4	
31	2015	6,825,769	3,099,683	1,925,679	13,223,308	1,311,276	9,383,387	0.0	-2.0	-0.2	-1.1	
32	2016	6,597,620	2,920,897	1,895,414	13,000,234	1,256,455	9,552,469	-3.3	-5.8	-1.6	-1.7	
33	2017	6,552,855	2,852,858	1,861,890	13,049,653	1,200,706	9,644,030	-0.7	-2.3	-1.8	0.4	
34	2018	6,443,416	2,780,748	1,811,601	13,180,939	1,135,158	9,830,204	-1.7	-2.5	-2.7	0.9	
35	2019	6,291,945	2,687,149	1,773,834	13,101,474	1,084,376	9,843,520	-2.4	-4.1	-2.1	-0.5	
36												

c）作図対象部分は ── 離れている場合はそれを寄せ集めたとき ── 長方形でなければならない。 重要

2-3-3) 2軸グラフの作成

①挿入タブの**おすすめグラフ**をクリック（しても適当なのがないので）**すべてのグラフ**でクリック

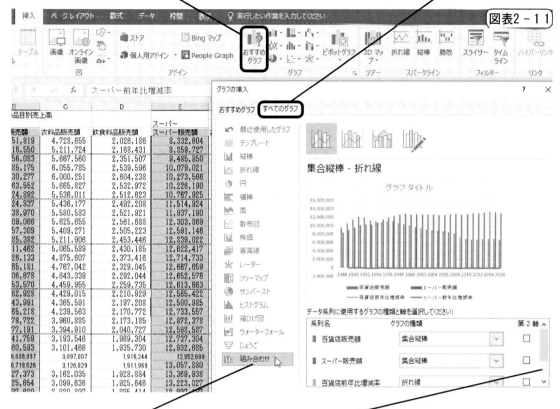

図表2－11

し、**組み合わせ**(グラフ)を選び、ここをスクロールして、

②右図のようにチェックを
入れて、2つの増減率の
系列の目盛を第2軸（右
側の軸）にする。

図表2－12

a) ここでの販売額とその増大率のように、桁が異なるほど数値の大きさに差があるときは、
組み合わせ(グラフ)のうち、目盛が左右2軸に分かれて示される**2軸グラフ**を作成する。

③ グラフの移動　で、新しいシートにグラフを移動する（p.5**図表1-15・16**参照）。

④グラフタイトルを　**図2-1　大型小売店販売額の推移**　にする。

⑤軸ラベルを記入するため、グラフ右上の　　をクリックして、**軸ラベル**にチェックを入
れる。

①横軸ラベルは、**年**　と記入。

②左縦軸ラベルを、**販売額（百万円）**　にして、「文字列の方向」を「縦書き」にする（p.6①・②参照）。

③右縦軸ラベルを、**増減率（%）**　にして、上と同様に配置する。

④書式タブのテキストボックス（p.6**図表1-19**参照）を使って、グラフ左下の余白に
注：経済産業省「商業動態統計」より作成.　と記入。

2-3-4) 水平線の記入

a) 以上でとりあえず完成したが、<u>**右縦軸目盛の０を通る水平線**</u>があれば、増大率を示す折れ線のマーカーの位置で増大しているのか減少しているのかがすぐわかる（線より上なら、プラスなので「増大」）。最後に、この水平線を引く。

b) その前に、この水平線を明確にするために<u>縦軸の目盛線を消去する</u>。（０を通る線が引かれているように見えるが、これは、右軸の8,000,000を通る線である。）

⑤右図のように縦軸目盛線上の任意の所（右図のような表示が出る所ならどこでもよい）にポインタを置いて、クリックし、デリート・キーをたたく。

c) どこが右軸の０の位置か不明なので、次のようにする。

⑥右軸（第２軸）の任意の場所（例えば左図）にポインタを置いて*右ク*リックして**軸の書式設定**を選び、

⑦**軸のオプション**で画面を下の方にスクロールし、
目盛の種類を**内向き**にする。

⑧左の縦軸についても同様にして、目盛を付ける（次の作業のため）。

⑨そして、書式タブの

ここでクリックし、グラフ内にポインタを移動して、

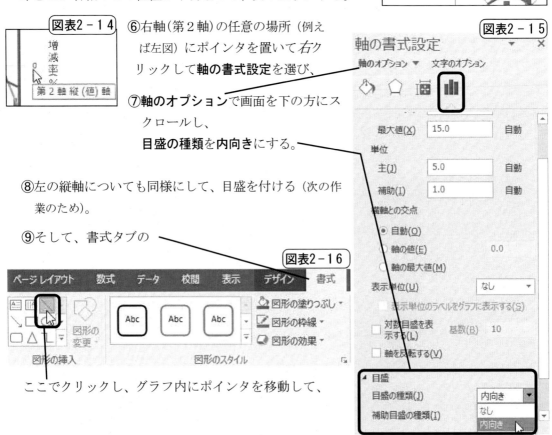

図表2-13

14,000,000

縦（値）軸目盛線

12,000,000

図表2-14

増減率%０

第２軸縦（値）軸

図表2-15

軸の書式設定

軸のオプション ▼　文字のオプション

最大値(X)　15.0　自動
単位
主(J)　5.0　自動
補助(I)　1.0　自動
横軸との交点
　● 自動(O)
　○ 軸の値(E)　0.0
　○ 軸の最大値(M)
表示単位(U)　なし
　□ 表示単位のラベルをグラフに表示する(S)
　□ 対数目盛を表示する(L)　基数(B) 10
　□ 軸を反転する(V)
目盛
目盛の種類(J)　内向き
補助目盛の種類(I)　なし
内向き

図表2-16

ページ レイアウト　数式　データ　校閲　表示　デザイン　書式

Abc　Abc　Abc

図形の塗りつぶし▼
図形の枠線▼
図形の効果▼

図形の変更

図形の挿入　図形のスタイル

①＋形になったポインタをここに置いて

②シフト・キーを押しながら左方向に左縦軸に達するまでドラッグ。

図表2-17

図表2-18

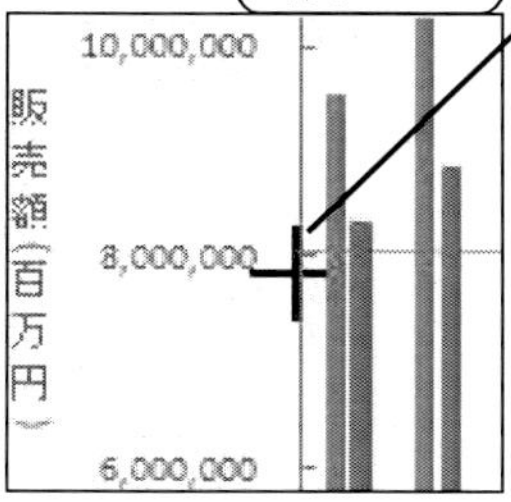

a) シフト・キーを押しながらドラッグすれば、45度単位で直線の方向を指定できる。左図のように、少し下にずれた所を目指しても、水平に描ける。また、**垂線の場合も**（縦方向にドラッグすれば）**正確に引ける。**

b) ただ、引かれた線の色・太さが適切ではないので、次のようにして変更する。

③右図のように、書式タブで黒を選ぶ。

必要なら、ここをクリックして、線を太くする。

図表2-19

2-4 グラフの検討

2-4-1）読図

c) 以上の作業で、百貨店とスーパーの販売額合計の推移を検討しやすくなった。読みとれることは、およそ次の通り。

d) 1991-2年のバブル崩壊以降、百貨店の販売額が減少し始めていることがわかる。96・97年にはやや盛り返したが、翌98年には再び落ち込み、以降、ほとんど毎年前年割れが続いている（黄緑の折れ線グラフが水平線の下＝減少）。2011年には1991年の売り上げの半分にまで落ち込んでいる（水色棒グラフの高さを比較）。

e) これに対して、スーパーの販売額の増減率は、ほぼ毎年百貨店より高く（2本の折れ線グラフを比較）、1995年には販売額で百貨店を**凌駕**した（2本の棒グラフ）。しかし同年以降、増減率は**傾向的に低下**しており、近年も伸び悩んでいる。

凌駕…他のものを追い抜いてその上に立つこと。(大辞林)

f) 以上のように、<u>図表からわかることを的確な文章で表現</u>することが重要。ただし、上記の（ ）内は教員の学生に対する説明のための補足であり、学生がレポート等でこのように補足する必要は必ずしもない。

g) また、詳細・より正確なことを言う場合は、<u>シートの数値を確認</u>する。（ここでの場合、百貨店の2012年、2015年の増減率がプラスかマイナスかなど。）

2-4-2) 注意点

a) このグラフの折線で、水平線より上にあるが低下している時期について注意すべき
は、「増大の程度が落ちているのであって、販売額自体が減少しているわけではな
い」ということである。 重要

b) また、前頁 e) の「傾向的に低下している」は、「全体として」・「概して言うと」の意
味である。2000 年から 2001 年にかけては上昇しているので「傾向的に」を省いて
「低下している」と言うと、厳密には正しくないのである。

練習問題2

c) 本章で作成した表のシートにはB列〜M列まで 12 系列ある。そのうち百貨店とスー
パーそれぞれの販売額合計について 4 系列を取り出し、両者の比較をした。

d) ここでは、衣料品と飲食料品の売れ行きについて、百貨店とスーパーを別個に検討する
2 軸グラフを 2 つ作成する。

e) なお、前頁までの作業を済ませ、上の b) までのことを理解していないと、この練習問
題を完成させることはできない（作業が出来ていない場合は p.11 以降を自習）。

① （各自が作成した）**大型小売店** .xlsx を立ち上げる。

f) A、C、D、I、J列で 2 軸グラフを作成すれば、百貨店の衣料品・飲食料品別の売上
推移がわかるが、凡例を判別するために次のように書き換える。

② I3 セル…**衣料品増減率**、J3 セル…**飲食料品増減率**　に書き換える。

③ A、C、D、I、J列それぞれの第 3 行以下を範囲指定して 2 軸グラフを作る。グラ
フのタイトルは　**図 2-2　百貨店の商品別販売額の推移**　、軸ラベルと注は p.11 の図表
2-1 と同じ。右縦軸目盛 0 を通る水平線は後で引く。

g) 次にスーパーについて、百貨店と同様に処理する。つまり、

④ L3 セルを**衣料品増減率**に、M3 セルを**飲食料品増減率**に書き換える（F3 〜 G3 をコピー
すればよい）。

⑤ A、F、G、L、M列それぞれの第 3 行以下を範囲指定して 2 軸グラフを作る。グラ
フのタイトルは　**図 2-3　スーパーの品目別販売額の推移**とする。その他については百
貨店と同様。

h) 以上で、3 つの 2 軸グラフが完成した。このグラフをMSワードに貼り付けながら
レポートを執筆する。執筆要領はワードファイル **2 章 rep** に従う。以下ではグラフの
貼り付け方を説明する。

⑥ ワードファイル **2 章 rep** を立ち上げ、本文と指示を読み進む。

①図を貼り付ける箇所では、まず、エクセルで作成したグラフを「コピー」（元の指定）する。

②MSワードの画面に戻り、貼り付けの▼をクリックして、

　形式を選択して貼り付けでクリック。

図表2-20

③図（拡張メタファイル）を選んで、ＯＫ。

図表2-21

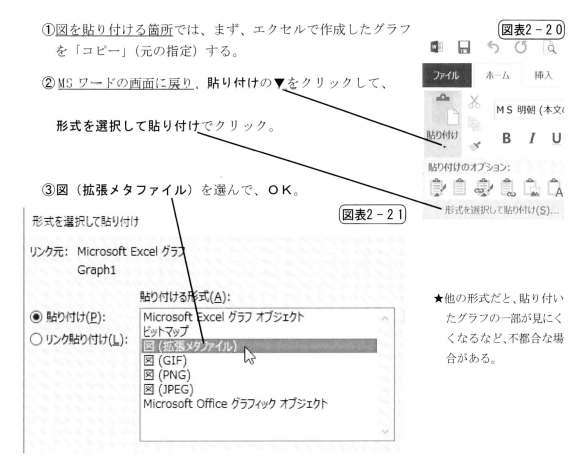

★他の形式だと、貼り付いたグラフの一部が見にくくなるなど、不都合な場合がある。

④このようにしてグラフを示しながら執筆したレポート（ワードファイル）を提出。ファイル名は、**7桁学籍番号**。ファイル名の最初に章番号や氏名を記さないこと（7桁番号の後なら良い；例えば**5118999第2章**）。

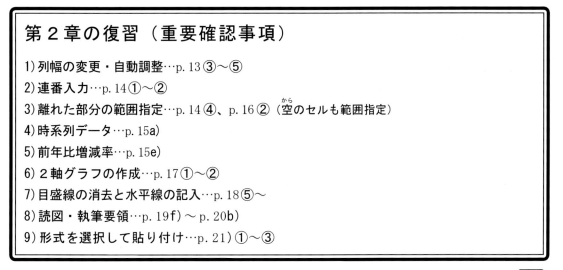

第2章の復習（重要確認事項）

1）列幅の変更・自動調整…p. 13③〜⑤
2）連番入力…p. 14①〜②
3）離れた部分の範囲指定…p. 14④、p. 16②（空のセルも範囲指定）
4）時系列データ…p. 15a）
5）前年比増減率…p. 15e）
6）2軸グラフの作成…p. 17①〜②
7）目盛線の消去と水平線の記入…p. 18⑤〜
8）読図・執筆要領…p. 19f）〜 p. 20b）
9）形式を選択して貼り付け…p. 21）①〜③

第 3 章

「マーケット・シェア」を読み取る

３－０．本章の概要

a) 本章では、飲料市場の出荷データを用いて、マーケット（市場）および**シェア（占有率）**の概念を学ぶ。

b) 10年間の飲料市場のメーカー別、チャネル別（販売店種）、カテゴリー別（種類）、パッケージ別のシェアの推移を見て、シェアが変動した要因を探る。

c) 下のような帯グラフをいくつか作り（カラー版）、また、**スパークライン**も利用して、飲料市場の各シェアの推移から、変容するマーケット全体の特徴を読み取る視点を学ぶ。

図表3 － 0

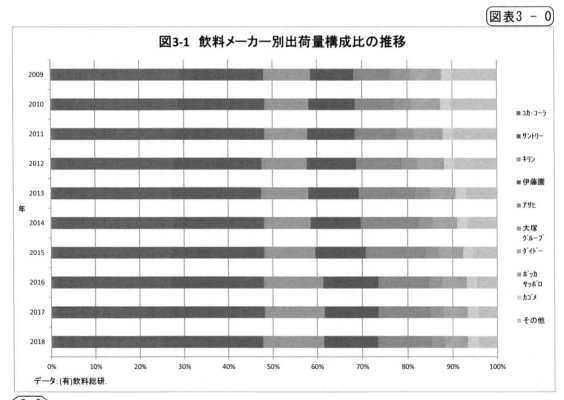

3−1．マーケット・シェア

3-1-1)マーケット（市場）とは

a)マーケット（市場）の見方は、経済学とマーケティングでは異なる。経済学では売り手と買い手の集合という観点で捉えるが、マーケティングでは、買い手の集合という観点から市場を捉える。

b)マーケット（市場）を捉えるもう一つの観点は、それが「競争の場」であるということである。したがって、競争の場に応じて市場が発生することになる。

3-1-2)シェアとは

c)マーケティングでは、シェア（占有率）は、マーケット・シェア（市場占有率）を示す。

d)マーケット・シェア（市場占有率）とは、競争の場である市場において、自社製品またはサービスの占める割合のことであり、これは企業の収益性と密接に連動することから経営戦略上重要な要素となる。

3-1-3)マーケット・シェアの算出とグラフ化≪実習≫

e)ここでは、飲料市場におけるメーカー別のシェアを算出する。

①ファイル**3A.xlsx**を各自のフォルダにコピーしてから立ち上げ、シート**メーカー別**を出す。

f)まず合計を算出してから下段に示した構成比（シェア）を計算する。

②M3セルをクリックし、ホーム・リボン右の **Σ オートSUM** をクリック。合計対象はB列のコカ・コーラからL列の「その他」までなので、 =SUM(**A3:L3**) の状態で、B3セルからL3セルまでドラッグし、＝SUM(B3:L3)として、エンター。

③M3セルをM12セルまでコピー。

g)第17行以下の計算式は、分子は各社・各年の値、分母はどの年もM列（合計）なので、コピーしても列が固定されるように**$**を付ける。

④B17セルは、＝B3/$M3*100。 で小数点第1位まで表示。

⑤B17セルをM17セルまでコピーし、続いてB17～M17セル部分を第26行までコピー。

h)各社のシェアの推移がわかるが、多くの数値を把握するのは困難なので、グラフ化する。

⑥A16～L26セルを範囲指定し、**挿入タブ**のここをクリックし、横棒のこれ（100%積み上げ横棒）を選ぶ。

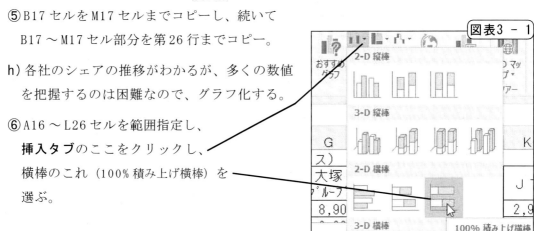

図表3−1

①  行/列の切り替え をクリックして、会社を凡例にする。

② グラフの移動 をクリックし、**新しいシート**を選ぶ（p.5③・④参照）。

a)10年間の構成比の推移がわかる**帯グラフ**ができたが、古い年が下になっていて違和感があるので、次のようにする。

図表3－2

③縦軸上にポインタを置いて —— 例えば右図；縦（項目）軸と表示されればよい —— **ダブルクリック**し、画面右の**軸の書式設定**の**軸のオプショ**ンのここで、

図表3－3

④右図枠内のようにクリックする。つまり、

最大項目をクリックして ⊙ を ◉ にし、

軸を反転するをクリックして ☑ を入れる 。

⑤タイトルは**グラフの上**に、図3-1　飲料メーカー別**出荷量構成比の推移**と記入（p.5⑤・⑥参照）。

⑥縦軸ラベルは、「垂直」で**年**と記入（p.6①〜②参照）。

b)注をグラフ下に記入するため、次のようにする。

⑦横軸中央の □ にポインタを置いて、

50 横（値）軸 60% のようにし、少し上にドラッグして縮め、グラフ下部に余白を作る。

⑧注はテキストボックスを用いて、**注：(有) 飲料総研データより作成**. とする。なお、(有)は、有限会社の略記で、**ゆう** とタイプして変換できる。

3-1-4)図表の検討

c)グラフから、(i)ｺｶ･ｺｰﾗのシェアが徐々に減少していること、(ii)しかし上位２社で約半分のシェアがあること、(ⅲ)そして上位５社のシェアが増大（６位以下のシェアが減少）していること、などがわかる。

a）しかし、増減がわかりにくいものもあるので、**スパークライン**を利用して確認しよう。

① B17 〜 B26 セルをドラッグして、「挿入」→「スパークライン（折れ線）」とし、「場所の範囲」を B27 セルにする（p.3 **図表1-7・8** 参照；結果は下の**図表3-5** 参照）。

② L28 セルまでコピー（p.3 **図表1-9** 参照）。

b）より詳しいことは、表の数値を見たり、上位3社または5社のシェア合計を算出するなどの作業が必要であるが、会社別には、次のようにすれば簡単にわかる。

③例えば右図のようにポインタを置けば、2014 年のコカ・コーラのシェアの数値がグラフ上でわかる。

図表3 - 4

3－2．シェア変動の原因を探る（レポート作成の準備）

c）前ページ c）は、寡占化が進んでいると見ることができる。2018 年については、上位5社のシェアは 85.2％に達している。

> ★寡占＝少数の供給者が市場を支配し互いに競争している状態（広辞苑）

d）この 85.2 という数値は、次のようにすればすぐわかる。

④ B26 〜 F26 セルをドラッグするだけで、ここに合計が表示される。

図表3 - 5

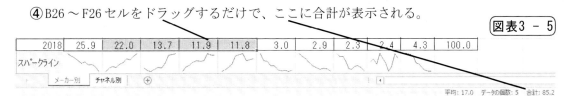

★なお、上図の**合計**の上で*右*クリックすれば、範囲指定したセルの最大値などを表示することもできる。

e）では、なぜ上位5社の寡占化が進んだのか？　上位5社とそれ以外の企業との違いは何だろうか？　その答えを導き出すために、チャネル別シェアを見よう。**チャネルとは**、ここでは流通経路（自販機を含む販売店）のことである。

⑤シート**チャネル別**を出す。

⑥ F3 〜 12 セルの合計を算出し、第17行以下を算出する。要領は、p.23 ②〜⑤と同様。

⑦ A16 〜 E28 セルで帯グラフを作成する。要領は、p.23 ⑥〜と同様。タイトルは、

図3-2　チャネル別出荷量構成比の推移

g）飲料市場のチャネルは、自動販売機、コンビニエンス・ストア、スーパー（含ディスカウント・ショップ）の3つが主要であることがわかる。

⑧シート**メーカー別**と同様にして、B27 〜 E27 セルにスパークラインを表示する。

３－３．シェア変動の原因を探る《レポート作成》

a) これまでの作業で、飲料メーカー（除・アルコール）のシェアについていろいろなことがわかった。これらのこと（含・図表）と、ネット情報および各自の飲料メーカー・清涼飲料水に関する知見から、レポートを作成する。

① MS ワードのファイル３章repを立ち上げ、指示に従って書き始める。「4. 販売チャネル別マーケットシェア」以降は、来週の作業である。**今週書いたものを保存**しておくこと。

レポート作成のためのヒント

b) **図3-2　チャネル別出荷量構成比の推移**から、以前と比べてシェアを伸ばしてきているものなどを確認する。細かい数値は表で確認する。

c) チャネル別シェアについては、自動販売機が徐々に下降してきているのに対して、特にスーパー（含ディスカウント・ショップ）が大きく伸びている。この原因を考え、それを書く。

練習問題３

d) 下記の手順・指示に従いながらレポートを作成する。先週の欠席者は、p.22～自習する。

② ファイル3B.xlsxを<u>各自のフォルダーにコピーしてから</u>立ち上げる。作業の途中で頻繁に<u>上書き保存</u>すること（マシン・トラブルなどのため、せっかく作ったファイルが消失する恐れがある）。

③ ２つのシートについて、p.23 ⑥～と同様にして帯グラフとスパークラインを作成する。グラフのタイトルは、**図3-3　カテゴリー別出荷量構成比の推移**および**図3-4　パッケージ別出荷量構成比の推移**。

④ そして先週書き始めたレポートファイル（３章rep）を立ち上げて、完成させ、それを提出する。ファイル名は、７桁学籍番号。

e) 次ページの検索要領も参考にして、ネット情報も執筆材料にする。

a）ただし、以下、ウエブサイトが変更された場合は、その限りでない。

b）日本コカ・コーラ社のトップページは、http://www.cocacola.co.jp/ 。

c）一般的に言って、トップページにはこのように**企業情報**の項があるので、そこをクリックして、いろいろ調べてみる。

図表3－6

d）他の会社も同様にして、**経営全般、販売戦略に関する情報を収集**しよう。

e）伊藤園は、次のようなHP。ここに適当な検索語を入れる。

図表3－7

f）キリン（http://www.kirin.co.jp/company/）は、**企業情報**に

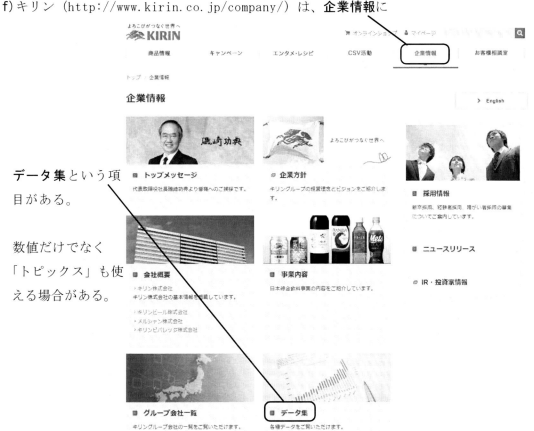

データ集という項目がある。

数値だけでなく「トピックス」も使える場合がある。

| 商品情報 | キャンペーン | エンタメ・レシピ | 品質・環境・適正飲酒 | 企業情報 |

Global | アサヒグループ　　オンラインショップ　　お客様相談室

a) アサヒは上のようになっている。ここも「商品情報」・「企業情報」がある。他の会社の
ウェブサイトについても、同様に調べよう。

b) このようにして、できるだけ多くの会社の情報を見よう。また、製品ラインナップと
ＣＭ情報も見よう。主力製品と思われるものが何で、どのカテゴリーに属している
ものか、そのカテゴリーがどのくらい伸びているものかを考えてみよう。

c) また、そうした主力製品のＣＭ（テレビ、ラジオ、雑誌、他）をどのくらいの頻度で
目にするか考えてみよう。

★以上の分析から、今後の飲料市場はどうなっていくことが予想されるか、あるいは、ど
のような販売戦略をとるメーカーが勝ち残っていくか、についても考えてみよう。

第 4 章

会社を数字で見てみよう（1）
― 連結会計情報とセグメント会計情報 ―

4－0．本章の概要

a) 本章では、セブン‐イレブンを有するセブン＆アイ・ホールディングスのグループ全体の成長に、どの事業が貢献しているのかを分析する。

b) 分析に必要となる連結会計情報とセグメント会計情報の意味を理解する。

c) エクセル操作としては、第2章で学んだ増減率（成長率）と第3章で学んだ構成比に加えて、寄与度と寄与率の考え方及び計算方法を理解する。また、混合参照の復習も兼ねている。

d) 計算内容は、引き算と割り算だけであるが、まず下のような練習用シートで諸比率について学ぶ。

図表4－0

	A	B	C	D	E	F	G	H	I	J	K
1	粉モン屋Xの売上データ										
2											
3			売上高								
4		焼きそば	たこやき	お好み焼き	合計						
5	4月	200	500	300	1000						
6	5月	220	550	430	1200						
7	6月	230	590	580	1400						
8											
9			構成比(%)						寄与度(%)		
10		焼きそば	たこやき	お好み焼き	合計			焼きそば	たこやき	お好み焼き	合計
11	4月	20.0	50.0	30.0	100.0		4月				
12	5月	18.3	45.8	35.8	100.0		5月	2.0	5.0	13.0	20.0
13	6月	16.4	42.1	41.4	100.0		6月	0.8	3.3	12.5	16.7
14											
15			成長率(%)						寄与率(%)		
16		焼きそば	たこやき	お好み焼き	合計			焼きそば	たこやき	お好み焼き	合計
17	4月						4月				
18	5月	10.0	10.0	43.3	20.0		5月	10.0	25.0	65.0	100.0
19	6月	4.5	7.3	34.9	16.7		6月	5.0	20.0	75.0	100.0

4－1．連結会計情報とセグメント会計情報

a）連結会計情報とは、連結貸借対照表や連結損益計算書等に記載されている、企業グループ全体の会計情報のことをいう。

b）これに対して、セグメント会計情報とは、連結会計情報で示された数値を、事業や地域といった企業の構成区分単位、つまりセグメント（segment）ごとに分割して示されたものをいう。

c）セグメントという用語の意味を辞書で調べると、「断片」、「部分」、「分割されたもの」という意味が出てくる。経営学・会計学の観点から言うと、セグメントとは「事業」、「地域」等の、 経営の業務を構成する 「区分単位」を意味するのである。

d）連結会計情報とはグループ全体の情報を示し、そしてセグメント会計情報はグループの構成部門に関する情報を示すことから、連結会計情報とセグメント会計情報は表裏一体の関係にあると言える。

e）例えば、粉モン屋Xの連結会計情報とセグメント会計情報を示した下表は、次のことを示している。粉モン屋Xは4月にグループ全体で1,000の売上を生み出している（連結会計情報）。その内訳として、焼きそばセグメントが200、たこやきセグメントが500、お好み焼きセグメントが300の売上を生み出しているのである（セグメント会計情報）。

粉モン屋Xの売上高　　　図表4－1

	焼きそば	たこやき	お好み焼き	連結（合計）
4月	200	500	300	1,000
5月	220	550	430	1,200
6月	230	590	580	1,400

4－2．成長率と寄与度、寄与率

4-2-1）成長率

f）成長率とは、ある時点からある時点にかけて、データがどれぐらいの割合で増加したかを示すものである。これは第2章で学んだ増減率と全く同じである。増減率は、成長率とも、増加率、増大率、伸び率とも呼ばれる。

g）成長率は、例えば、2000年の4月に身長100cmであった子供が、翌2001年の4月に110cmになった場合、次のように計算される。

2001年の成長率＝（110cm － 100cm）÷ 100cm × 100 ＝ 10 （%）

h）つまり、成長率は成長分（増加分）を、成長前の値で割ることによって算出される。100を掛けるのは、単位を%にするためである（小数で表現するなら、100を掛ける前の0.1、歩合で言うなら1割である）。

i）この子供が翌年の2002年4月に120cmに成長したとする。この場合の成長率は、下記のようになる。

2002年の成長率＝（120cm － 110cm）÷ 110cm × 100 ≒ 9.09 （%）

（補足）経済経営系で「成長率」といえば、**経済成長率＝ＧＤＰ成長率**が最も有名である。会社経営・財務では、売上高などの増大率のことを「売上高成長率」などと言う。前年(前期)より減った場合は、「**マイナス成長**」と表現することが多い。

4-2-2) 寄与度と寄与率

a）寄与**度**とは、あるデータを構成する部分の成長額（増減分）が、全体の成長率を何ポイント押し上げているか（あるいは逆に、押し下げているか）を示すものである。寄与度は下記の式で算出される。

$$寄与度 ＝ \frac{（今期のある部分の値－前期のその部分の値）}{前期の全体の値} × 100 \quad （\%）$$

b）下図で、Ａ部分が a 増え、Ｂが b だけ増え、Ｃが c 増えたとき、全体としては（a＋b＋c）増えている。Ａ部分の寄与度は、a ÷（Ａ＋Ｂ＋Ｃ）×100（%）である。

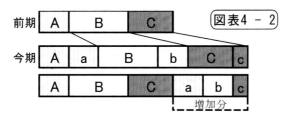

図表4－2

c）各部分の寄与度を全て足し合わせると、必ず全体の成長率と一致する。

d）これに対して寄与**率**とは、全体の成長額（増加分）を100%として、データを構成するある部分の成長額が、全体の成長額の何%を占めるかを示す構成比を計算したものであり、下記式で算出される。

$$寄与率 ＝ \frac{（今期のある部分の値－前期のその部分の値）}{（今期の全体の値－前期の全体の値）} × 100 \quad （\%）$$

e）図表4-2でＡ部分の寄与率は、a ÷（a＋b＋c）×100（%）である。

f）各部門の寄与率を全て足し合わせると、必ず100%になる。

4-2-3) 計算練習問題

g）ここでは簡単な例を用いて寄与度と寄与率の理解を深めたい。

①ファイル**4A.xlsx**を各自のフォルダにコピーして立ち上げる。

h）シート**粉モン屋**で、まず売上高合計（E5～E7セル）を算出する。

②E5セルは、 Σオート SUM でB5～D5セルを合計。E7セルまでフィルハンドル・ドラッグでコピー。

i）次に、**構成比**（%）。各月各商品が各月合計の何%を占めるかを、コピー操作で手早く算出する。第1章で学習した**混合参照**（p.9e）参照）を用いる。分母にする合計は各月ともE列にあるから、コピーして動いて困るのは**列**である。行は、各月毎に違うのでコピーして動かないと困る。したがって、行番号の前に＄は付けない。

①B11 セルは、＝B5/$E5*100 。・・・・セル名はそのセルをクリックしてインプット
する。$は、F4キー（ファンクション・4）をたたいてインプット。

②E列までフィルハンドル・ドラッグでコピーし、さらに第12行までコピー。

a）次に、それぞれの成長率を求める。例えば、5月の焼きそば部門の成長率は下記式で
求めることができる。4月の成長率は、前月のデータがないので求められない。

$$5月の焼きそばの成長率（\%）＝\frac{5月の焼きそばの売上高－4月の焼きそばの売上高}{4月の焼きそばの売上高}×100$$

③B18 セルは、＝(B6-B5)/B5*100 。小数点第1位まで表示（以下同じ）。E19 セルまで
コピー。

b）さて、寄与度についてはまず、焼きそば、たこやき、お好み焼きのそれから（「合計」
欄は後に求める）。例えば、焼きそばの5月の寄与度は、下記式で求めることができる。

$$5月の焼きそばの寄与度（\%）＝\frac{5月の焼きそばの売上高－4月の焼きそばの売上高}{4月の合計売上高}×100$$

c）H12 セルにインプットした式をコピーして他を求めるために、ここでも混合参照を用
いる。前ページf）と同様、$で固定すべきはF列である。

④H12 セルは、＝(B6-B5)/$E5*100 。J13 セルまでコピー。

⑤合計は、Σ オートSUM で。K12 セルは、＝SUM(H12:J12) 。K13 セルにコピー。

d）ここで、K12・13 セルの値と、E18・19 セルの値を比べてみよう。各月の寄与度の合計
（K12・13）は、合計の成長率（E18・19）と一致する。つまり、「寄与度」は、全体の成
長率の内訳を示すのである。

e）最後に、焼きそば、たこやき、お好み焼き部門の寄与率を求める（「合計」欄は後に求
める）。例えば、焼きそばの5月の寄与率は、下記式で求めることができる。

$$5月の焼きそばの寄与率（\%）＝\frac{5月の焼きそばの売上高－4月の焼きそばの売上高}{5月の合計売上高－4月の合計売上高}×100$$

f）ここでも混合参照を用いる。上式の分母は合計で、固定されなければならないから、

⑥H18 セルは、＝(B6-B5)/($E6-$E5)*100 。J19 セルまでコピー。

⑦合計は、Σ オートSUM で求める。K18 セルは、＝SUM(H18:J18) 。K19 にコピー。

g）各月の寄与率の合計は必ず100 となる。つまり、「寄与率」は、全体の成長率を100
％とした場合の各部門の内訳を示すのである。

h）以上のように、寄与度、寄与率を算出すると、全体の成長に対してどの部門がどの
程度貢献し、どの部門がどの程度足を引っ張っているのかを具体的な数値で表す
ことができるのである。

４－３．セブン＆アイ・ホールディングスの成長率と各セグメントの寄与度、寄与率《実習》

4-3 1）セブン＆アイ・ホールディングスの概要

a）セブン＆アイ・ホールディングスグループは、純粋持株会社であるセブン＆アイ・ホールディングス（以下、セブン＆アイHD）を頂点として、合計169　社からなる巨大企業グループである（2018　年2　月現在）。

b）セブン＆アイHDグループは、コンビニエンスストア事業をはじめとして、**図表4-3**が示すように、合計8　つの事業を展開している。つまり、セブン＆アイHDグループは8　つの事業セグメントから構成されているのである。詳しくはEDINET　からセブン＆アイHDの有価証券報告書を入手し、参照されたい。

> EDINET(エディネット)…ネット上で有価証券報告書・四半期報告書・親会社等状況報告書などの開示書類を無料で閲覧できる。(デジタル大辞林より)

図表4 − 3

事業内容等	主な会社	会社数	
国内コンビニエンスストア事業（15社）	株式会社セブン－イレブン・ジャパン 株式会社セブンドリーム・ドットコム セブン－イレブン（中国）投資有限公司 セブン－イレブン天津有限公司 SEVEN-ELEVEN HAWAII,INC.	連結子会社　10社 関連会社　　5社 計　　　　15社	
海外コンビニエンスストア事業（74社）	7-Eleven,Inc. SEJ Asset Management 　&Investment Company	連結子会社　72社 関連会社　　2社 計　　　　74社	
スーパーストア事業（26社）	株式会社イトーヨーカ堂 株式会社ライフフーズ イトーヨーカ堂（中国）投資有限公司	連結子会社　21社 関連会社　　5社 計　　　　26社	
百貨店事業（8社）	株式会社そごう・西武 株式会社池袋ショッピングパーク 株式会社ごっつお便	連結子会社　　5社 関連会社　　3社 計　　　　8社	
金融関連事業（9社）	株式会社セブン銀行 株式会社セブン・カードシステム 株式会社セブンCSカードシステム	連結子会社　　9社	
専門店事業（24社）	株式会社赤ちゃん本舗 タワーレコード株式会社 株式会社ロフト、株式会社ニッセン	連結子会社　19社 関連会社　　5社 計　　　　24社	
その他の事業（12社）	株式会社セブン＆アイ出版 株式会社八ヶ岳高原ロッジ ぴあ株式会社	連結子会社　　8社 関連会社　　4社 計　　　　12社	
全社（1社）	株式会社セブン＆アイ・フィナンシャルセンター	連結子会社　　1社	

注：セブン＆アイ・ホールディングス有価証券報告書（2018年2月期）より作成.

a）セブン＆アイＨＤグループが様々な事業を展開する理由は、それらの事業がグループ全体に貢献してくれると経営者が見込んでのことであろう。それでは、<u>それらの事業はセブン＆アイＨＤ全体に対して本当に貢献をしているのであろうか？　あるいは、足を引っ張っている事業はないのであろうか？</u>

b）以下では、先の寄与度と寄与率の考え方を用いて、6つの事業がセブン＆アイ全体の成長にどの程度の貢献をしているのか検証してみる。

4-3-2）算出手順

① ファイル4Ａのシート**セグメント情報（売上高）**を開く。まず、合計から。

② I3 セルは、　$\boxed{\Sigma\ \text{オート SUM}}$　で求める。＝ SUM(B3:H3) 。I5 セルまでコピー。

③ <u>構成比の分母はどの年度も I 列であるから</u>、B7 セルは、＝ B3/$I3*100 　。小数点第1位まで表示（以下同じ）。I9 セルまでコピー。

c）成長率、寄与度、寄与率については、2014 年度のデータがないので 2015 年度は算出できない。

④ B11 セルは、＝(B4-B3)/B3*100 　。I12 セルまでコピー。

⑤ B14 セルは、＝(B4-B3)/$I3*100 　。H15 セルまでコピー。

⑥ I14 セルは、　$\boxed{\Sigma\ \text{オート SUM}}$　で求める。＝ SUM(B14:H14) 　。I15 までコピー。

d）ここで、I11 ～ I12 セルの値が I14 ～ I15 セルの値と一致していることを確認する。

　★各セグメントの寄与度を合計すると、全体の成長率と一致する。

⑦ B17 セルは、＝(B4-B3)/($I4-$I3)*100 　。H18 セルまでコピー。

⑧ I17 セルは、　$\boxed{\Sigma\ \text{オート SUM}}$　で求める。＝ SUM(B17:H17) 　。I18 までコピー。

e）ここで、I17 ～ I18 セルの値が 100 になっていることを確認する。

　★各セグメントの寄与率を合計すると、100％になる。

練習問題４－１

①ファイル４Ａのシート**セグメント情報（営業利益）**を開き、売上高の場合と同様の処理をする。

②ワードファイル**練習４-１**を各自のフォルダにコピーして立ち上げる。そこの指示を下記を参考にしながら、執筆する。

a）「セブン＆アイ・グループの成長を牽引しているのはどの事業なのか、あるいは成長の足を引っ張っているのはどの事業なのか」に着眼する。（「その他・調整額」は無視してよい。）

b）その際、**構成比**と**成長率**の数値の大小と、**変化が大きい所に注目**する。売上高と営業利益それぞれについて見、例えば「売上高ほど営業利益の構成比が大きくないセグメント」（または、この逆）の寄与度・寄与率はどうなっているのか、検討する。

c）なお、**寄与率には注意**すべき重要なことがある。全体額が減少しているときは（**成長率がマイナスのとき**は）、増大しているセグメントの寄与率はマイナスになる！

d）また、「構成比が大きくなくても成長率が大きい」（または、この逆）セグメントを検討する。

e）ネット情報をふまえ、各自の知見も加える。他社との比較的観点があるのもよい。

③ファイル名は、例えば５１１９７７７。氏名その他の文字列をファイル名の最初に付けないこと（７桁学籍番号の後なら良い）。

練習問題４－２

ファイル４Ｂを各自のフォルダにコピーしてから立ち上げて、**練習問題４－１**と同様の処理をする。そして、ワードファイル**練習４-２**を利用してレポートを提出する。

第　5　章

日 本 と 世 界 の 企 業
－ 企 業 の パ ワ ー と 国 民 国 家 －

５－０．本章の概要

a) 最初に「世界の企業」を扱う。「Forbes（フォーブズ）」誌のデータの中から、日本と世界の企業「トップ100」について、企業名、産業分野、売上高、本社の国籍などについて、並べ替え（ソート）を行い、どんな国の、どういう企業が、どれだけの売上高、利益、資産などを持っているのかなどについて確認する。

b) その際、日本の企業が世界に占める位置についても関心を払う。

c) 次に、「世界の国」を扱う。データは国連と世界銀行のものである。現在私たちの暮らす地球上には200を越える国と地域があり、領土と共に人が住み、70億人以上の人々が経済活動を営んでいる。人類は、1961年に30億人を突破し、1971年に40億人、1987年に50億人、1999年に60億人、2011年に70億人と爆発的に増加している。貧富の差も相当あるに違いない。人口、面積、GDP、インターネット人口などから世界の国々について考える。

d) 最後に、グローバル化する現代を考えるために、「世界の企業」と「世界の国」を比較する。これは、世界で最初にハーバード・ビジネス・スクールが1960年代指摘した問題、すなわち企業のパワーと国民国家との関係について、主権国家の存立問題を考察することが目的である。

e) 学生諸君は、本章で学んだことを通して、各自自由に考察や意見・感想をレポートにまとめることで、21世紀のグローバル化について、知見をより深めてもらいたい。

f) 本章では容易に完成できる表をいくつも作成するが、最後に作成する最も重要なものは右のようなものである（一部分；また、提示用として加工してある）。

図表 5 － 0

	A	B	C	D	E
1	売上高ランキング	Company	Country	Industry	Sales（$bil）
2	1	United States	296.50	9.63	12455.07
3	2	Japan	127.96	0.38	4505.91
4	3	Germany	82.49	0.36	2781.90
5	4	China	1304.50	9.60	2228.86
6	5	United Kingdom	60.20	0.24	2192.55
7	6	France	60.74	0.55	2110.19
8	7	Italy	57.47	0.30	1723.04
9	8	Spain	43.39	0.51	1123.69
10	9	Canada	32.27	9.98	1115.19
11	10	Brazil	186.40	8.51	794.10
12	11	Korea, Rep.	48.29	0.10	787.62
13	12	India	1094.58	3.29	785.47
14	13	Mexico	103.09	1.96	768.44
15	14	Russian Federation	143.15	17.10	763.72
16	15	Australia	20.32	7.74	700.67
17	16	Netherlands	16.33	0.04	594.76
18	17	Switzerland	7.44	0.04	365.94
19	18	Belgium	10.47	0.03	364.74
20	19	Turkey	72.64	0.78	363.30
21	20	Sweden	9.02	0.45	354.12
22	21	ExxonMobil	United States	Oil & Gas C	328.21
23	22	Wal-Mart Stores	United States	Retailing	312.43
24	23	Saudi Arabia	24.57	2.15	309.78
25	24	Royal Dutch/Shell Gr	Netherlands	Oil & Gas C	306.73
26	25	Austria	8.21	0.08	304.53

5－1．「Forbes」誌のデータ処理《実習》

a)「Forbes」(フォーブス)誌とは、グローバルな視点に立つ米国の有名なビジネス雑誌であり、世界各国に多くの読者を持っている。以下、「Forbes」(2006)誌のデータから<u>日本と世界の企業売上ランキング</u>の「トップ100」について確認する。

5-1-1) 売上高ランキングの表示準備

①ファイル **5A.xlsx** を各自のフォルダにコピーしてから立ち上げる。

b)まず、シート**世界の企業**を見て、列（横）方向はCompany（**企業名**）、Country（本社**国籍**）、Industry（**産業分野**）、Sales : $bil（**売上高**：10億ドル）、Profits : $bil（**利益額**：10億ドル）、Assets : $bil（**資産**：10億ドル）、Market Value : $bil（**市場価値**：10億ドル）であり、行（縦）方向はアルファベット順に企業が並んでいることを確認する。

②最初に、A列に売上高ランキング欄を作る。列番号A上にポインタを置いて（ ↓A のようにする）、列全体を指定し、右クリック。右図のようになったら、「挿入」でクリック。
　　…【列の挿入】

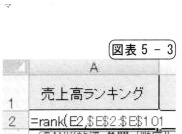

図表5－1

③A1セルに**売上高ランキング**とタイプする。

c)次に、A1セルをB1セルと同じ色で罫線も同じにするため、次のようにする。

④B1セルをクリックし、この**書式のコピー**ボタン ❤ をクリックしてから、A1セルをクリック。

図表5－2

d)このようにすれば、A3セルがB3セルと同じ色と罫線になる（文字のサイズ・フォント、「中央揃え」などの設定についても）。…【書式のコピー】

5-1-2) RANK関数

e)ランク＝順位を見るときは**RANK関数**を利用するのが最適。ここでは売上高（E列のSales）のランキング＝順位を表示する手順を示す。

⑤A2セルをクリックし、<u>半角入力モード</u>で、= rank(E2, コンマ と入力する。このとき、E2は、E2セルをクリックして入力する。

図表5－3

	A
1	売上高ランキング
2	=rank(E2,$E$2:$E$101
3	「RANK(数値, 参照, [順序])

⑥E2～E101セルをドラッグして範囲指定し、ファンクション4キー(キーボード上部のF4)をたたく。右図のようになったら、かっこを閉じてエンター。

a) **ファンクション4** キーを何度かたたくと **$** の付き方が変化する。**$は、行番号の前に付いていれば行を、列番号の前に付いていれば列を固定し、フィルハンドルでコピーしても行、あるいは列が動かないようにする記号である。**

b) ここでは、E2〜E101 セル（100 社の売上高）の範囲で「第何位か」を見るため、E5 セル以下にコピーしてもこの対象範囲を固定するために、**$E$2:$E$101** とした。

c) このように、あるセル（またはセル範囲）を固定することを**絶対参照**と言う。

① 最後に、右図のように A2 セルのフィルハンドルにポインタを置いて（＋形になる）ダブルクリック。

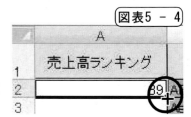

図表5 - 4

d) この時点でアルファベット順に並んでいる各社の売上高順位がわかる。例えば下の方にある Toyota Motor(トヨタ)は第 9 位であることがわかる。

5-1-3) 並べ替え(1)簡易法

e) 次に、売上高(Sales)が多い順に並べ替える。

② E 列の任意のセル（E 列のセルならどこでもよい）をクリックし、

図表5 - 5

ホーム・リボンの右端近くの**並べ替えとフィルタ**で**降順**をクリック。

f) 「**降順**」＝大きい順、「**昇順**」＝小さい順。これを覚えるコツとして、「高い所、つまり高度が大きい場所から降りる」・「高度が小さい場所から昇る」と考えればよかろう。

g) なお、上の並べ替えは「簡略形」であり、出所など項目名と数値以外がインプットされたセルが（ここでの場合）H 列までにある時などは、機能しない場合がある（並べ替えの「複雑形」は後述）。

5-1-4) 売上高ランキングの考察

h) 売上高ランキングをみると、世界の中で第 1 位は米国企業のエクソン・モービル(ExsonMobil)で石油メジャーとしてグローバルにビジネスを展開している多国籍企業である。

（補足1）19世紀後半に創業されたエクソン・モービルは、アメリカのテキサス州ダラスに本拠を持つ多国籍企業で、現在6大陸200カ国以上で活動している。日本では、ESSO・Mobil・ゼネラルという3つのブランドで展開されており、全国に約6千店のガソリンスタンドを持っているので、学生諸君も見たことがあるだろう。

a) 第2位は世界最大の小売業（スーパーマーケット）のウォルマート（Wal-Mart Stores）で、第3位はイギリスとオランダの取締役からなるロイヤル・ダッチ・シェルグループ（Royal Dutch/Shell Group）となっている。

（補足2）ウォルマートは、1962年創業で、主にアメリカで展開している世界最大のスーパーマーケット＆ディスカウントストアである。低価格、物流管理、コスト削減などを推し進め急速に成長し、メキシコ、カナダ、イギリス、ブラジル、中国など国際的にも展開している。なお、資材調達面では全世界1万社以上と取引している。日本では2005年に西友を子会社にしている。

（補足3）ロイヤル・ダッチ・シェルグループはオランダのハーグに本拠地をおく1907年創業の石油会社で、Royalは英国（イギリス）を表し、Dutchは蘭国（オランダ）を表している。両国の100年に渡る業務提携が今日も維持されていて、世界145カ国でビジネスを展開している。黄色に赤い縁（ふち）取りの貝（Shell）のロゴマークは馴染みがあろう。

5−2．国民国家

b) 私たちの暮らす地球上には、現在約200の国があり、そのうち国連加盟国が2012年12月時点で195カ国（http://www.unic.or.jp/know/listm.htm参考）である。バチカン市国、台湾、パレスチナなどは国連に加盟していない。

c) 本章では、国連加盟国だけでなく、地球上に人類が住んでいる限り、経済活動やビジネス活動を行うという現実に照らして、世界銀行のデータも用いて、可能な限りデータが得られる208の国と地域を扱う。その中には経済活動が独自に行われている香港・マカオやソロモン諸島といった地域も扱う。

d) ところで、「国民国家」という概念についても考えなければならない。私たちが通常イメージする国民国家は、大学入学時までに学んだように、18世紀から19世紀にかけて、封建制社会から市民革命を経て成立したもので、法が及ぶ主権と領土が国家にあり、その中で国民が国家から発行される単一の通貨（貨幣）を媒介として暮らしている。

e) 国力を測る手段としてはＧＤＰ（**国内総生産**）がよく用いられる。これは通常1年間に国内で生み出された付加価値の総額であり、外国に暮らす国民の生産は計算に入れないが、国内に暮らす外国人の生産は計算に入れる。

f) 以上のことを踏まえて、シート**世界の国**を見よう。ここでは、列（横）方向に国名、人口（単位：百万人）、面積（百万平方㌔）、GDP（単位：10億ドル）、インターネット人口（単位：千人当り）が表記され、行（縦方向）にそれらのデータが並んでいる。以下ではこのデータを処理し、結果を考察する。

５－３.「世界の国」の各種ランキング《実習》

5-3-1)人口・面積・ＧＤＰ順位とＢＲＩＣＳ

a)以下では「人口」の多い順を始めとして４通りの並べ替えを行う。それぞれの結果を残しておくために、まずシートをコピーしておく。

① 世界の国 のようにシート見出し**世界の国**の上にポインタを置き、<u>コントロール・キーを押しながら、マウス左ボタンを押し続ける</u>と 世界の国 のようになる。そのまま右にドラッグし、<u>マウスのボタンをはなしてから</u>コントロール・キーをはなすと、コピーされたシート**世界の国⑵**ができる。・・・・【シートのコピー】 重 要

②A列の前に１列挿入し（p.37②参照）、A1セルに**順位**とタイプ。

③A1セルの書式をB1セルと同じにする（p.37④参照）。

④A2セル以下に人口の順位がわかる**RANK 関数**をインプット（p.37⑤・⑥参照；ただし、列番号は異なる）。ここで、空欄は**#N/A**と表示されるが、構わない。

⑤そして「人口」について p.38 **図表5-5** と同様にして並べ替えを行う。

b)結果は、第１位中国約13億人、第２位インド約11億人、第３位アメリカ（United States）となり、日本は第10位となる。

（補足1）近年経済成長が目覚しく注目されている**BRICS**（ブリックス）の人口は、Brazil（ブラジル：５位）、Russia（ロシア：７位）、India（インド：２位）、China（中国：１位）、South Africa（南アフリカ：28位）で、南アフリカ以外、人口が多い国であることがわかる。BRICS とは、この５カ国の頭文字である。なお、南アフリカが BRICS に仲間入りしたのは2011年であり、それまでは４か国であった。それゆえ<u>BRICsと記して、４か国を指す場合もある</u>（最後の小文字のsは複数形を示す）。

⑥シート見出し**世界の国⑵**の上にポインタを置いてダブルクリックし（反転する）、**人口順位**と書き換える。・・・・【シート見出しの変更】

⑦次に、「面積」について上の①～⑥と同様にする。シート見出しは**面積順位**にする。

c)結果は、第１位ロシア、第２位カナダ、第３位アメリカ（United States）、となり、日本は第61位となる。

（補足2）BRICs の面積は、Brazil（ブラジル：第５位）、Russia（ロシア：第１位）、India（インド：第７位）、China（中国：第４位）となり、面積からみても大国であることがわかる（South Africaは24位）。他方、第２位カナダと第６位オーストラリアは、面積が大きいのに比べて、人口が少ないことに気がつくであろう。

⑧次に、「GDP」についても上の①～⑥と同様にする。シート見出しは**GDP 順位**にする。

d)結果は第１位アメリカ、第２位日本、第３位ドイツ、第４位中国となる。

（補足3）高度成長が続く中国は2015年現在、名目 GDP（US ドル）ランキングで日本を抜いて世界第２位になっている。（米：18兆＄、中：11兆＄、日：4兆＄。IMF のデータによる。）<u>他の BRICS の順位も確かめよう</u>。

a）最後に、「インターネット人口」について並べ替えを行う。ここでまず留意しなければ ならないことは、「千人当り」の普及率であり、単なるユーザー数ではないという点で ある。

5-3-2）並べ替え（2）詳細設定の紹介

b）並べ替えに複数の条件を設定したり（ここでのデータでは可能性はほとんどないが、例えば GDP が同じ場合、面積が狭い国を上に位置させる、と言う「二重条件」の設定）、その他の場合 にも対応できる方法を示す。

①まず前ページ①〜④と同様の作業をする。

②行番号 1 〜 209 上をドラッグし、右図のように「並べ替 えとフィルタ」→「ユーザー設定の並べ替え」とする。

c）まず（ここでは使用しない）上述の「二重条件」について紹 介する。ここをクリックすれば「2つめ」、「3つめ」… の並べ替え条件を追加できる。また、ここ をクリックすれば大文字・小文字区分 にも対応できる。

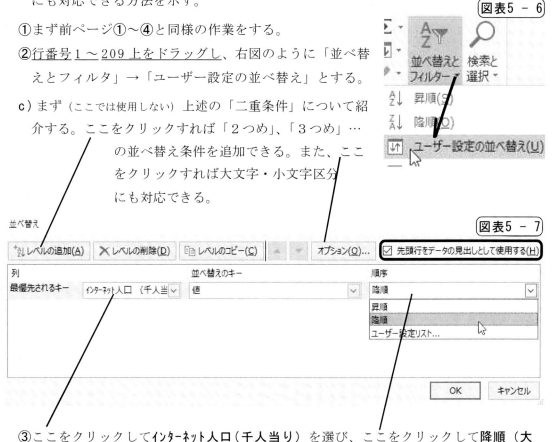

図表5 - 6

図表5 - 7

③ここをクリックして**インターネット人口（千人当り）**を選び、ここをクリックして**降順（大 きい順）**を選んで OK 。

④シート見出しは、**ネット普及率順位**にする。

d）興味深いことに、結果は第1位ニュージーランド、第2位アイスランド、第3位ス ウェーデンとなっており、先進主要国サミットの国々は、上位10位に入っていない。 日本は第18位であり、第7位韓国の方がインターネット普及上位国である。

5－4.「世界の国」の人口密度と１人当ＧＤＰ《実習》

5-4-1) 人口密度と１人当ＧＤＰの算出

a) 前節では、各項目について単純なランキングを出して考察したが、以下では、「世界の国」のデータ加工を試みる。目標は人口密度と一人当たりＧＤＰである。人口密度は（＝人口／面積）であり、一人当たりＧＤＰは（＝ＧＤＰ／人口）で求める。

① シート**世界の国**をコピーし、**加工表Ａ**と書き換える（p.40⑥参照）。

② F1セルに**人口密度**、G1セルに**１人当 GDP**とタイプする。

③「人口密度」は、F2セルに、＝B2/C2と計算式を入力し（セル名は、そのセルをクリックして入力）、F209セルまで<u>フィルハンドル・ドラッグ</u>でコピー。

b) ただし、データには欠損値（不明のため記入されていないデータ）が含まれているため、その場合は**#DIV/0!**と表示されたセルが出現する。こうしたことは、しばしば現実のデータを加工する時にあり得る事なので、是非記憶にとどめておこう。

④ ホームタブの「数値」の ←.0 .00 →.0 をクリックして、小数点第２位まで表示されるようにする。

⑤「１人当 GDP」は、人口の単位が100万人、GDPの単位が10億ドルであることを考慮して、G2セルに、＝(D2*1000000000)/(B2*1000000)と入力し、<u>フィルハンドル・ドラッグで</u>、G209セルまでコピー。

★ 上の０の個数は順に９個、６個であるが、覚える必要はない。100万まで、10億まで、「読み上げながら」付ければよい。

⑥ ホームタブの「数値」の ， をクリックして、３桁ごとにカンマで区切られた整数表示にする。

c) こうすることで、ドル換算の「１人当 GDP」が表示される。

5-4-2) 人口密度と１人当ＧＤＰの並べ替え

d) 次に、「人口密度」および「１人当 GDP」ついて並べ替えを行う。

⑦ 簡易法（p.38**図表5-5**の要領）で「人口密度」の高い順で並べ替える。

e) 結果は、（第45行の）バングラディッシュが圧倒的第１位で、以下、第２位韓国、第３位オランダと続いている。

⑧ このシートをコピーし（p.40①参照）、「１人当 GDP」の多い順で並べ替える。

f)「１人当 GDP」では、第１位がルクセンブルグ、第２位ノルウェー、第３位アイスランドと５万ドル以上の国に続き、以下ヨーロッパの国々が上位を占める。

a) ここで注意しなければならないことは、**欠損値**による**#DIV/0!**の処理と考え方である。「人口密度」については43個も#DIV/0!となるが、「1人当GDP」はアフガニスタンとイラクの2個だけである。

b) また、（加工表A（2）の第4行にある）「ルクセンブルク」は、「人口密度」が#DIV/0!であるが、「1人当GDP」は世界第1位である。このような場合、ルクセンブルクをデータから排除してしまうのは望ましくない。したがって、<u>欠損値が部分的にあったとしても意味あるデータとして扱うべき場合がある</u>ことを認識しておこう。

5－5．企業のパワーと国民国家

5-5-1) 国家を凌ぐ巨大企業の「実力」（分析のための重要な予備知識）

c) グローバル化が進展すると、企業による海外直接投資や現地生産、外国企業による雇用の増減、多国間による国際ネットワークの形成、国際的な企業内貿易や節税行動、海外からの配当や利益送金、インターネットによる国際取引など多くの無視できない現象が次々と発生してくる。

d) それらは、国家意思というよりも企業の決定によって左右される。それゆえ、従来のGDPによる国力の測定も多国籍企業によって大きく影響を受けることになる。国民も企業も同じ通貨を使い、同じ法律の下で、同じ国家に暮らすというような19世紀以来の国民国家は、「ヒト」「カネ」「モノ」「情報」といった経営資源が国際移動をする21世紀の世の中では、少し立ち入って考えなければならない問題となってくるのである。

e) 企業のパワーが、19世紀以来の主権国家の存立基盤を大きく揺らがせはじめるのではないかと、最初に考え、データ分析を行ったのは、1960年代のハーバード・ビジネス・スクールであった。アメリカでは1960年代までに、多国籍企業が数多く登場し、海外で雇用を増やし、税金をアメリカで払わず、アメリカの製造業が衰退してしまうのではないか、産業が空洞化してくのではないかと考えたのである。

f) 以下では、<u>ハーバード・ビジネス・スクールの問題意識からその後多くの研究者や各国の政府関係者にも影響を与えた、国の総生産（当然その国で活動する企業が含まれる）と多国籍化する巨大企業の売上高を比較するという同じ分析手法を、最新のデータを用いて行ってみる。</u>上位100位までに企業はいったい何社入るだろうか。

（補足）この分析手法については難点も存在する。たとえば、GDPは1年間の国全体の付加価値額の合計であり、企業の年間売上とは同じではない。また国が税金から軍隊や警察を配備しているのに対して企業は違うという意見もある。しかし、実際にはわが国の平成11年度版通商白書をはじめ、これまで世界中の数多くの大学専門家や政府・ビジネス関係者が使用してきたという経緯があるのでインパクトの意味から、この手法でグローバル化の意味を捉えなおす機会とする。

5-5-2) 巨大企業の売上と世界の国のＧＤＰ≪実習≫

① シート**世界の企業**をコピーし、シート名を**加工表Ｂ**とする。

② 次にシート**GDP 順位**の_A2 セル_〜E101 セルを範囲指定して*右クリック*→「コピー」。

③ シート**加工表Ｂ**のA102 セル上で（*右*クリックし）、「貼り付け」。

a) この時、Ｅ列は企業の売上高と国のＧＤＰで、単位は共に 10 億ドルである。

④ #### のような表示があったら、ポインタを右図のようにしてダブルクリックする。

〔図表5 − 8〕

E	F
47.09	2.1
46.95	12.4
46.58	3.6
46.38	2.2
46.31	4.5
######	

b) 前頁 5-5-1-d) の趣旨により、Ｆ列より右の不要な部分を削除する。

④ Ｆ〜Ｈ列の列番号上をドラッグして*右*クリックし、「削除」。

⑤ 簡易法で「Sales（売上高およびGDP の数値）」の多い順で並べ替える（p.38 ②参照）。

⑥ A2 セルをクリックし、右図のようにフィルハンドル（ポインタを＋にする）をダブルクリック。

| A2 | ▼ | fx | =RANK(E2 | 〔図表5 − 9〕 |

	A	B	
1	売上高ランキング	Company	
2	1 United States		
3	2 Japan		

c) 以上の結果、企業（ピンク）と国（薄緑）について順位がわかる表が完成した。

d) エクソン・モービルの 1 年間の売上高（21 位）はサウジアラビア 1 国のＧＤＰ（23 位）よりも大きく、トヨタの売上高はマレーシアのＧＤＰ よりも大きいことなどがわかる。

練習問題 5

⑦ ファイル5B を各自のフォルダにコピーしてから立ち上げる。シート**１ 世界の企業 2011** のシートをコピーしてからＣ列を昇順で並べ替える（p.38 **図表 5-5** 参照）。また、_ファイル 5A_ のシート**世界の企業**（2006 年）も同様にする。そして 2 つのシートを比較する。特に BRICs の企業の地位を調べる。

⑧ 同じくファイル5B のシート**２ 世界の国 2011** について、p.40 ①〜④と同様にして、GDP 順位を表示する。そして_GDP の多い順に並び替え_、シート名を**加工表Ｃ**にする。

e) そして、ファイル5A と同様、企業の売上高と国別GDP データを「合体」し、比較する。手順は次の通り。

⑨ シート**１ 世界の企業 2011** のB2 〜B101 セルをコピー元として指定し、シート**加工表Ｃ**のB181 セルで貼り付ける。続けて、シート**１ 世界の企業 2011** のD2 〜D101 セルをコピーし、シート**加工表Ｃ**のC181 セルで貼り付ける。

①シート**加工表C**のA2セルの内容を＝RANK（C2，$C$2：$C$280）に書き換え、最終行まで（<u>ド</u><u>ラッグ操作で</u>）コピーする。そしてA列を簡易法（p.38**図表5-5**）で、昇順で並び替える。

a）次に、3つめのシート**3世界の国2013**について、1人当GDPや順位を示す。

②E2セルは、＝（B2*1000000000）/（C2*1000000）。（0の個数は、p.42⑤の★参照。）最終行までコピーし、整数にする（p.42⑥参照）。そして簡易法（p.38**図表5-5**）で、昇順で並び替える（降順でも可）。

③p.40①〜⑥と同様にして、GDP、人口、ネット普及率の順位を別シートに作成する。

④MSワードを立ち上げ、下記（1）〜（3）のいずれか1つを選び、エクセルで<u>作成した表</u><u>からわかることやネット情報</u>（たとえば○○社or◇◇国の状況）を加味して論評する。

★その際、前章までと同様、まず、授業名・日付、学籍番号・氏名、そして**選択番号**を記す。**提出物は**、このワードファイルと、**5B**を加工したファイルの**2つ**。ファイル名はそれぞれ、例えば5118999（同名であるが、ファイル種類が異なるのでこれでよい）。

⑤MSワードに<u>表を部分的に貼り付けて述べる</u>のも良い（例えばベスト10の箇所だけ）。貼り付け方は、対象範囲をコピー（元の指定）し、ワード上で、**形式を選択して貼り付け→拡張メタファイル**で。

　(1)シート**1世界の企業2011**のデータ（179カ国）をProfits（利益額）、Assets（資産）、MarketValue（市場価値）別に簡易法で並べ替え、A列の売上高順位と比較して、考察する。もちろん、前ページ⑦の作業・検討結果も利用してよい。

　(2)シート**3世界の国2013**の加工表から、世界の富と貧困、文化について考察する。

　(3)シート**加工表C**について考察する。その際、BRICsの地位などについて考え、21世紀のグローバル化が我々をどこへ導くのか、と言う視点で述べてよい。

★タイトル、見出しは提示・指定しない。各自の判断で自由に叙述する。ただし、「話し言葉」は使わず、段落を区切り（改行後は1文字分スペースを入れてから書き始める）、**データと事実に基づいて**執筆する。

第5章の復習（エクセル操作）

1) 列の挿入…p.37②

2) 書式のコピー…p.37④

3) RANK関数…p.37⑤〜

4) 並べ替え（簡易法）…p.38②

5) シートのコピー…p.40①

6) 並べ替え（詳細設定）…p.41①〜③

第　６　章

会 社 を 数 字 で 見 て み よ う（2）
─── 利 益 と キ ャ ッ シ ュ フ ロ ー ───

６−０．本章の概要

a）本章では、会社の財務を分析する上でよく用いられる、**損益計算書**と**キャッシュフロー計算書**について学ぶ。

b）各種の利益とキャッシュフローが、それぞれ会社の何を意味しているかを理解し、両者の違いがどこから生じるかを考える。

c）売上高営業利益率と営業キャッシュフロー・マージンを計算した後、下のようなグラフを作成し、会社の**収益性**を見るとともに、現金回収の効率性について分析する。

図表6 − 0

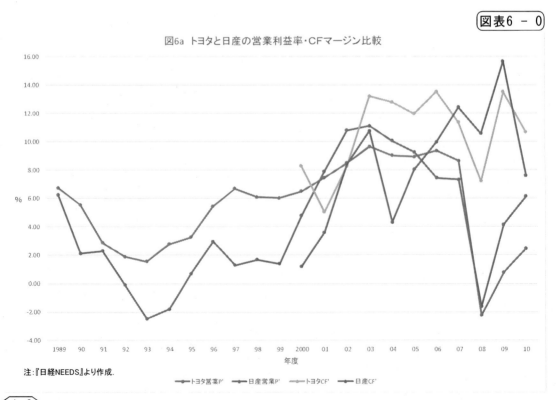

図6a　トヨタと日産の営業利益率・CFマージン比較

注：『日経NEEDS』より作成.

━トヨタ営業P'　　━日産営業P'　　━トヨタCF'　　━日産CF'

６－１．各種の利益と売上高利益率

6-1-1) 損益計算書の構造

a) 会社の経営がうまくいっているのかを確かめるためには、<u>収益と費用（＝損益）</u>をまとめることで経営成績を示した一覧表である**損益計算書**について学ぶ必要がある。

b) 収益を一言であらわせば、「お金の面で会社にとってよかったこと」であり、具体的には次のようなものがある。

> ［例］　売上高　受取利息　受取手数料　有価証券（株式など）の売却益
> 　　　　固定資産（土地など）の売却益

c) 同様に費用は、「お金の面で会社が努力したことや損したこと」であり、収益を獲得するために費やした金額はすべてそこに含まれる。

> ［例］　仕入高　広告宣伝費　給料　研究開発費　支払利息　支払手数料
> 　　　　有価証券（株式など）の売却損　固定資産（土地など）の売却損

d) 利益は「収益－費用」で計算されるが、経営成績を多面的にとらえることができるよう、段階的に利益が表示されている（空欄は解説を聞きながら各自で埋める）。

図表6-1　損益計算書の概要例

	（　項　　目　）	（金額）	（％）
製造原価や仕入高 →	売上高	10,000	100.0
	－) 売上原価	7,000	70.0
本業に不可欠な給料などの諸費用 →	［　　　　　］利益	3,000	⟨30.0⟩
	－) 販売費および一般管理費	2,450	24.5
本業と直接関係しない利息や手数料などの収益 →	［　　　　　］利益	550	⟨5.5⟩
	＋) 営業外収益	5	0.5
	－) 営業外費用	15	1.5
土地などの資産売却をはじめ通常は予定されていない収益 →	［　　　　　］利益	540	⟨5.4⟩
	＋) 特別利益	40	0.4
	－) 特別損失	30	0.3
	税引前当期純利益	550	⟨5.5⟩
	－) 法人税・住民税および事業税	220	2.2
	当期純利益	330	⟨3.3⟩

★なお、主要な会社の損益計算書等は EDINET（エディネット；金融庁のサイト）からダウンロードすることができる。

6-1-2) 各種利益の意味

a)売上総利益（粗利益）は、売上高から売上原価を差し引いた金額。仕入交渉の巧拙や製造
工程の良否が大きく影響する。 　★巧拙＝巧みなこととまずいこと。上手と下手。（広辞苑）

b)営業利益は**本業でどれだけ儲けたか**をあらわし、そこに証券投資をはじめ<u>主に金融関連
の活動からの損益</u>（営業外損益）を加減して得られるのが**経常利益**である。つまり、
本業以外の収益も含まれる。特に注目を集めるのが、この2つの利益である。

c)会社は土地や建物といった資産を使用し続ける目的で所有している。しかし、老朽化やリ
ストラのために資産を売却する場合がある。通常は、予定しないこれらの活動からの損益
（特別損益）を加減すれば、課税対象となる**税引前当期純利益**が得られる。

d)当期純利益は、各種の税金を控除した後の<u>最終的な儲け</u>をあらわす。

e)売上高や利益の金額だけに注目するのではなく、比率をみることが重要である。例え
ば、売上高が大きくても費用がかかりすぎては、効率的な活動をしているとはいえな
い。ここでは、各種利益の金額を売上高で除した（割った）＿＿＿＿＿＿＿＿＿をみよう。

f)前ページの**図表6-1**では〈　　〉の比率がそれに該当する。当期純利益は売上高の3.3%であ
るが、これを高いとみるか低いとみるかは、他社との比較による。

6－2．売上高利益率の計算とグラフ化《実習》

6-2-1) 売上高経常利益率と売上高営業利益率の算出

①ファイ**6A.xlsx**を各自のフォルダにコピーしてから立ち上げ、シート**自動車**を出す。

g)まず、売上高経常利益率を計算する。なお、この表でPは利益（Profit）を、P'は利益率
をそれぞれあらわす。

②J4セルは、＝D4/B4*100。小数点表示ボタン ⌊⁺⁰⁰ ⁰⁰⌋ を使って小数点第2位まで表示。

③フィルハンドル・ドラッグによるコピーで、日産（K列）の最終年度まで算出する。

h)そして2社の売上高経常利益率の折れ線グラフを作成する。ただし、ここでは<u>グラフの作
成場所をシート**自動車**の画面上のオブジェクトとしておく</u>。

④A、J、K列の第3行から最終年度の行までを範囲指定する。ここでは、A3～A25
セルをドラッグした後、<u>コントロール・
キーを押しながら、J3～K25セルをド
ラッグする</u>（カラのA3セルも範囲指定す
る）、

⑤挿入タブで、**折れ線**のこれを
選ぶ。

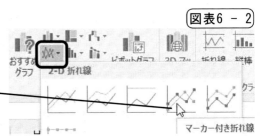

図表6－2

a) 次に、売上高営業利益率を求める。

①L4セルは、＝F4/B4*100。小数点第2位まで表示。

②フィルハンドルによるコピーで最終行まで算出する。

6-2-2) データ系列の拡張と縮小

b) すでに表示されている売上高経常利益率のグラフに、いま求めた売上高営業利益率の
データ系列を追加する。

③枠の縁にポインタを置くと矢印型 ↖↘ になる。そのままM列までドラッグしてはなす。

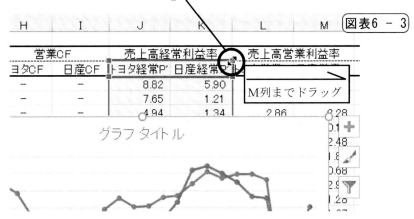

図表6－3

c) そうするとデータ系列が増えて、売上高営業利益
率のグラフが追加される。

④今度は、右図のように左縁にポインタ置いて矢印
型 ↙↗ にして、右にドラッグし、J列とK列を指
定（はず）から外す。

d) 売上高営業利益率だけのグラフになる。このよう
にオブジェクト・グラフは便利な面もある。

図表6－4

６－３．キャッシュフロー分析

6-3-1) キャッシュフローの重要性

e) 利益の全額が現金で会社に入ってくるとは限らない。たとえば、会社間の信用をも
とに、商品を先に渡して代金を数ヶ月後に受け取ることがある。その場合、現金を
受け取っていないにもかかわらず、会社は売上という収益を計上する。

f) 逆に、商品を先に受け取って代金を後で支払う場合もある。このときも現金の支出
とは無関係に仕入という費用を計上する。

a）建物や機械・車両などを現金で購入しても、支出時には全額が「費用」になるわけ
　　ではない。使い続けるうちに価値が減少する分だけを費用とする方法がとられる。
　　この方法を＿＿＿＿＿＿＿＿＿という。

b）たとえば100万円の機械を購入したとしよう。これを10年間使用する場合、1年間で平均
　　して100 ÷ 10 ＝ 10万円だけ価値が減ると考えられる。この10万円を毎年の費用（減価償
　　却費）として10年間計上する。

c）要するに、利益は＿＿＿＿＿＿＿＿＿＿＿（＝現金収支）とほとんど一致しない。利益は会社
　　の経営成績を安定的に示すための工夫が施された、人工的に作られた数字といってよい。

d）しかし、利益の獲得と現金の回収の間の時間差が広がれば、いざ必要なときにお金がない
　　ような事態になりかねない。借入金の返済や仕入代金の支払いに支障が生じれば、利益が
　　出ているのに会社がつぶれてしまう＿＿＿＿＿＿＿＿になることもありえる。この意味で、
　　会社の資金繰りの状況を把握しておくことは大切である。

6-3-2）キャッシュフロー計算書の構造

e）キャッシュフロー計算書は、一定期間に会
　　社が獲得した現金と支出した現金の内容を表
　　示し、所有する現金の額がどれだけ変化した
　　かを明らかにする。なお、簡単に現金に換え
　　ることができる普通預金なども、**現金同等物**
　　として現金と同様の扱いを受ける。

f）キャッシュフロー計算書は、**図表6-5**のよう
　　に営業活動によるキャッシュフロー、投資活
　　動によるキャッシュフロー、財務活動による
　　キャッシュフローの3つの部分に分かれる。

　　　　　　　　　　　　　　　　　　株式など

　　　　　　　　　　土地、建物、機械など

g）特に重要なのが、**営業活動によるキャッシュ
　　フロー**である。

h）**営業活動によるキャッシュフロー**は、利益と
　　現金収支の間にズレのある項目を税引前当期
　　純利益に加減して求めることが一般的であ
　　る。これは**本業でどれだけの現金を獲得した
　　か**をあらわす。

図表6 - 5	
Ⅰ.営業活動によるキャッシュフロー	
税引前当期純利益	550
＋）減価償却費	250
－）現金収入を伴わない収益など	400
＋）現金支出を伴わない費用など	230
︙	
－）法人税等の支払額	200
営業活動によるｷｬｯｼｭﾌﾛｰ	430
Ⅱ.投資活動によるキャッシュフロー	
－）有価証券の取得	70
＋）有価証券の売却	50
－）固定資産の取得	440
＋）固定資産の売却	160
︙	
投資活動によるｷｬｯｼｭﾌﾛｰ	−300
Ⅲ.財務活動によるキャッシュフロー	
＋）借入金の増加	300
－）借入金の減少	230
－）配当金の支払額	50
︙	
財務活動によるｷｬｯｼｭﾌﾛｰ	20

（補足1）利益と現金にズレが生じるのには、さまざまな理由がある。たとえば、減価償却費や貸倒引当金繰入などが掲げられる。貸倒引当金繰入は、貸し出したお金のうち将来回収が困難になると予想される金額を、あらかじめその期間の費用とする項目である。実際に返済されないことが確定するまで現金のロスは生じない。

（補足2）他に、いわゆる**ツケ**での商品売買も含まれる。損益計算では、それらも費用・収益とみなされるからである。キャッシュフロー計算では、貸借対照表の売上債権・仕入債務などの項目から現金収支がない費用・収益の大きさを割り出し、税引前利益をその金額だけ調整する。

a）ここでも、キャッシュフローの金額自体より比率を見た方がよい。特に営業活動によるキャッシュフローを売上高で割った＿＿＿＿＿＿＿＿＿＿＿＿＿＿＿＿＿＿＿は、売上高のどの程度が現金収支に結びついたかをあらわす指標である。財務分析によく用いられ、現金回収の効率性を知る上で便利な指標といえる。

６－４．営業キャッシュフロー・マージンの計算とグラフ化《実習》

6-4-1) 営業キャッシュフロー・マージンの計算

b）キャッシュフロー（以下、ＣＦ）計算書は2000年から作成されるようになったので、N4～014セルは算出できない。　★上の傍線部のように書いておけば、略して記すことができる。

①シート**自動車**で、N15セルに＝H15/B15*100とインプットし、小数点第２位まで表示。

②フィルハンドルを利用したコピーによって、２社の最終年度まで計算する。

c）次に、売上高営業利益率と営業ＣＦ・マージンのグラフを作成する。

③グラフ内にポインタを置いて（ ［グラフ エリア］ のようになればよい）クリックし、p.49

　図表6-3と同様にしてL列〜O列の4系列を範囲指定する。

6-4-2) グラフの整理

d）このままではグラフが見づらいので、整理する。

④右図のようにグラフ内にポインタを置いて**右クリック**し、**グラフの移動**を選択して、「新しいシート」に移す。

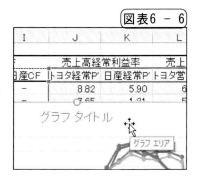

図表6 - 6

I	J	K	L
	売上高経常利益率		売上
産CF	トヨタ経常P'	日産経常P'	トヨタ営
－	8.82	5.90	6
－	7.65	1.91	5

グラフ タイトル

e）値の範囲は-4〜16なので、次のようにする。

図表6 - 7

8.00

縦（値）軸

6.00

⑤縦軸上にポインタを置いて左図のように、**縦（値）軸**と表示されたら**右クリック**して、**軸の書式設定**を選び、

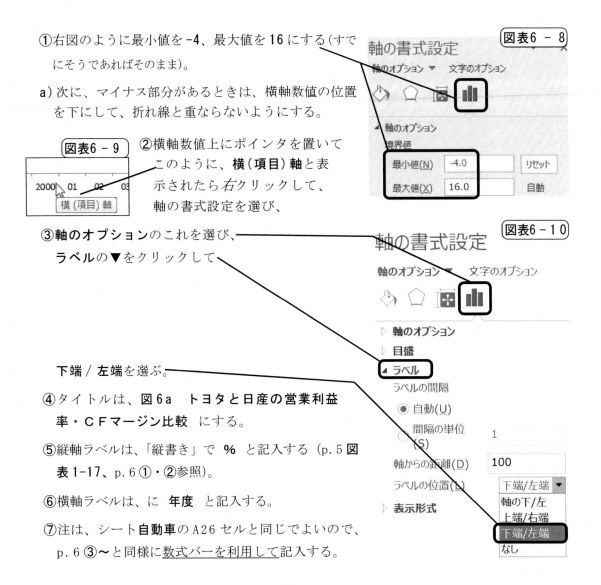

①右図のように最小値を **-4**、最大値を **16** にする（すで
にそうであればそのまま）。

図表6 - 8

軸の書式設定

軸のオプション ▼ 文字のオプション

▲ 軸のオプション
境界値

最小値(N) -4.0 リセット
最大値(X) 16.0 自動

a）次に、マイナス部分があるときは、横軸数値の位置
を下にして、折れ線と重ならないようにする。

図表6 - 9

2000 01 02 03
横（項目）軸

②横軸数値上にポインタを置いて
このように、**横（項目）軸**と表
示されたら*右*クリックして、
軸の書式設定を選び、

③**軸のオプション**のこれを選び、
ラベルの▼をクリックして

図表6 - 1 0

軸の書式設定

軸のオプション▼ 文字のオプション

▷ 軸のオプション
▷ 目盛
▲ ラベル
ラベルの間隔
◉ 自動(U)
○ 間隔の単位(S) 1
軸からの距離(D) 100
ラベルの位置(L) 下端/左端 ▼
軸の下/左
上端/右端
下端/左端
なし

下端 / 左端を選ぶ。

④タイトルは、**図6a　トヨタと日産の営業利益
率・ＣＦマージン比較** にする。

⑤縦軸ラベルは、「縦書き」で **%** と記入する（p.5 **図
表1-17**、p.6①・②参照）。

⑥横軸ラベルは、に **年度** と記入する。

⑦注は、シート**自動車**のA26 セルと同じでよいので、
p.6③～と同様に<u>数式バーを利用して</u>記入する。

6-4-3) グラフの検討

b）営業利益率を見ると、両社ともバブル崩壊（1991 年頃）に伴って悪化した。特に日産は
92 年度から3年間、赤字であった。しかし90 年代末以降4、5年は回復傾向にあった。

c）この間、おしなべて日産の営業利益率はトヨタに比べて低い水準にあったが、2001 年
には逆転しており、日産の収益力が急速に伸びていることがうかがえる。

d）営業ＣＦ・マージンは、2006 年度まではトヨタの方が日産よりも高いことが多く、総
じてトヨタの方が現金収支の管理をしっかり行っていることがわかる。しかし、2008
年秋のリーマンショックにより両社とも、ＣＦも激減した。

e）売上高営業利益率を見るかぎり、日産の収益性は2000 年度頃以降トヨタと同レベルま
で回復した。しかし、営業ＣＦ・マージンをみて営業利益率との関係を考慮すると、ト
ヨタの方が日産より概ね優れていると言える。

a）将来の利益の源泉は、各社の事業の拡大余地に大きく依存する。ＣＦは会社の規模を拡大するためになくてはならないものなので、将来の収益性を見通す上でこの点は重要である。

b）なお、**営業利益率＞営業ＣＦマージン**で、かつその差が大きいことが頻繁であると、**「勘定合って銭足らず」**の危険がある。それが一目でわかるようにするために、

①P15 セルは、**＝L15-N15**。Q25 セルまでコピー。

c）これが正のとき、営業利益率＞営業ＣＦマージンであるから、日産は若干「勘定合って銭足らず」の傾向があったとも言える。

６－５．営業利益率と経常利益率《実習続き》

6-5-1）２種類の利益率の比較

d）特に注目される営業利益率（<u>本業での利益</u>）と経常利益率（金融関連の収益も含む、<u>企業の総合的収益力</u>）を比べておこう。

②A3 ～ 25 セルとM3 ～ J25 セルを範囲指定し、折れ線グラフを「新しいシート」に作る。
③前ページ①～⑦と同様にする（最大値・最小値は、もちろん同じとは限らない）。タイトルは、**図6b　トヨタと日産の利益率比較**とする。

6-5-2）２種類の利益率の比較

e）トヨタはほとんどの時期、経常利益率＞営業利益率で、日産は逆に、経常利益率＜営業利益率である。

f）この２種の利益の大小関係は、シート上で利益率 or 利益額の差を計算しておけばわかりやすいので、R、S列を算出しよう。

④R4 セルは、**＝J4-L4**　。S25 セルまでコピー（正のとき、経常利益率＞営業利益率）。

g）つまり、トヨタは金融面の収益力でも長^たけており、この面でも経営状況が日産より優位であると言える。

★長ける＝長じる＝すぐれている。熟達している。（デジタル大辞泉より）

練習問題６－１

a）下記の手順・指示に従いながらレポートを作成し、ワード・ファイルを提出する。なお、テキストの空欄に入る言葉は、ファイル**6章空欄**.docxにある。

①ファイル**6B.xlsx**について、前ページまでと同じ作業を行う（<u>欠席あるいは忘却した者はテキストで自習しながら取り組む</u>）。つまり、２会社についてＪ列からＱ列まで計算して、２つのグラフを作る。

②そしてワードファイル**練習6-1**を立ち上げ、指示に従いながら執筆する。その際、**次の点に留意する。**

a）営業利益率と営業ＣＦ・マージンの関係に留意する。それらの間に大きな違いがみられるなら、何らかの目的で営業利益が操作されている可能性がある。

b）例えば、株価に悪影響を与えたくない場合、現金面で赤字でも投資家の注目度が高い利益を高めに誘導したいと考えるであろう。利益率とＣＦ・マージンの差が、会社の置かれた状況を含め、何を意味するのかを考える。

c）営業利益率が高くても、年度間のブレが大きい場合、業績が安定しておらず、相対的にリスクが高い企業であるかもしれない。また、<u>経常利益率と比べる</u>。

練習問題６－２

③ファイル**6C.xlsx**について、まず、エクセル作業をする。グラフ目盛の最大値・最小値も適切にする。

④そしてワードファイル**練習6-2**を立ち上げて、指示に従いながら執筆する。

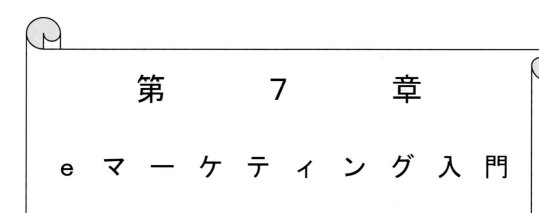

第 7 章

e マ ー ケ テ ィ ン グ 入 門

7－0．本章の概要

a) 本章では、音楽ヒットチャート売上枚数の推移より、eビジネスにおけるマーケティングの特徴
であるロングテール現象の概念について学ぶ。

b) その際、ワークシートで度数分布表を作成し、相対度数と累積相対度数を算出する。

c) まず以下のような**面グラフ**を作成し、ロングテールを理解する（下図は、印刷用に書式設定し
ている）。

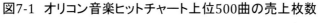

図表7 － 0

図7-1 オリコン音楽ヒットチャート上位500曲の売上枚数

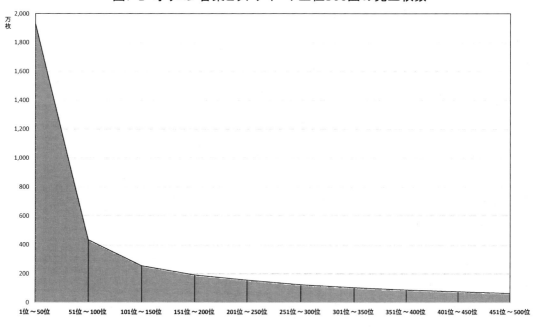

注：オリコン社「エンタメ白書」2015年度版より作成．

７－１．ロングテール現象

7-1-1) ロングテール現象とは

a) ロングテール現象とは、米国の雑誌 Wired の編集長クリス・アンダーソンが提唱した用語である。下図のように、ニッチ商品が長い尾（テール）のように見えるため「ロングテール」と呼ばれる。

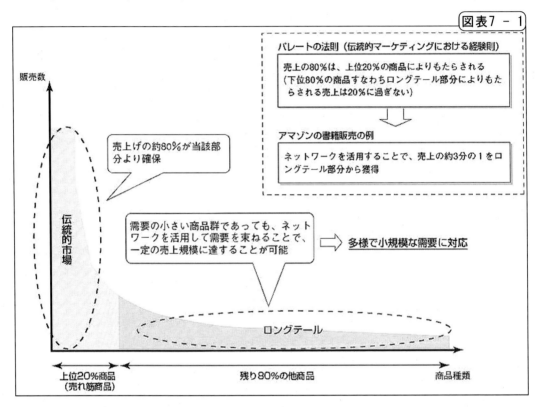

図表７－１

 パレートの法則（伝統的マーケティングにおける経験則）

売上の80％は、上位20％の商品によりもたらされる
（下位80％の商品すなわちロングテール部分によりもたらされる売上は20％に過ぎない）

アマゾンの書籍販売の例

ネットワークを活用することで、売上の約3分の1をロングテール部分から獲得

売上げの約80％が当該部分より確保

需要の小さい商品群であっても、ネットワークを活用して需要を束ねることで、一定の売上規模に達することが可能

多様で小規模な需要に対応

販売数

伝統的市場

ロングテール

上位20％商品
（売れ筋商品）

残り80％の他商品

商品種類

7-1-2) ネット販売とロングテール

b) ネット販売では特定の人気商品だけが集中して売れるのではなく、幅広い商品が少しずつ売れる、といった傾向をさす。

c) ロングテール現象の典型例として挙げられるのが、Amazon.com の書籍販売である。同社のネット書籍販売では、全体の売上げの約3分の1が通常の書店では扱うことが困難な売上数の少ない本によって成り立っていると言われている。

d) インターネット販売が主体の場合、上位20％の売れ筋商品がもたらす売上高は全体の41％となっており、残りの80％のロングテール部分が、売上の過半数の59％を占めている。

e) また25万点の商品のうち、「一度も売れたことのない」商品が22万4千点、すなわち全商品の90％も存在していたことも報告されている。

７－２．度数分布表の作成とグラフ化《実習》

7-2-1)度数分布表

　a)以下では、オリコン音楽ヒットチャート上位500曲の売上枚数について検討するため、まず
　　データ整理の基本である度数分布表について学ぶ。

　①ファイル **7A.xlsx** を各自のフォルダーにコピーしてから立ち上げる。

　b)N列・101行までのデータは500位までの各曲の売上枚数である。このような「数値の
　　山」を整理するには、まずP2〜P11セル（青字）のように区分けをする（小さい順）。

　c)ここではランキング1位〜50位、51位〜100位、・・・のように、ある一定の範囲ごとに階
　　が分かれている。このように一定の幅で区切られたものをそれぞれ**階級**という。

　d)そして、各階級に属する個数（ここでは売上枚数）を**度数**という（Q列）。

　e)また、各階級の度数の全体に対する割合を示したものが**相対度数**という（R列）。つまり、
　　相対度数＝［各階級に属するデータの個数］÷［全てのデータの個数］　である。

　f)最後に、**累積相対度数**とは、その階級までの相対度数の総和である。つまり、
　　累積相対度数＝［その階級の相対度数］＋［ひとつ前の階級までの相対度数の累計］ である。

7-2-2)度数分布表の作成

　g)まず、ランキングの階級ごとに売上枚数（度数）を算出する。最初のQ2セルは1位〜50位
　　まで3の売上枚数の合計だから、＝ SUM(B2:B51)。

　②Q2セルをクリックして Σ オートSUM をクリック。 B2〜B51までドラッグしてエンター。

　③同様に、Q3セルは、＝ SUM(B52:B101)、Q4セルは、=SUM(E3:E52)、・・・として、Q11セルまで
　　それぞれ求める。

　④Q12セルはオートSUMをクリックし、Q2〜Q11までドラッグしてエンター。

　h)次に、相対度数を算出する。

　⑤R2セルは、＝ Q2/\$Q\$12*100。小数点第1位まで表示する。・・・R3以下も分母はQ12なの
　　で、**ファンクション**F4を1回たたいて、上式のように \$ をつける

　⑥R2セルを選択し、フィルハンドル・ドラッグでR12までコピー。

　i)累積売上数は、上記f)の通りであるが、最初の階級については、「累積分」がない。

　⑦S2セルは、＝ Q2。（＝をタイプした後、Q2セルをクリックする。）

　⑧S3セルは、＝ S2+Q3。

　⑨S3セルを選択（クリック）し、フィルハンドル・ドラッグでS11セルまでコピー。

　j)最後に、累積相対度数を算出する。

　⑩T2セルは、＝ R2。

　⑪T3セルは、＝ T2+R3。小数点第1位まで表示する。

　⑫T3セルを選択し、フィルハンドル・ドラッグでT11までコピー。

7-2-3)「ロング・テール」の図示（グラフ作成）

a)以下では p.55 **図表 7 − 0** のようなグラフを作成する。

① P1〜Q11 セルをドラッグして挿入タブをクリックし、ここ
（折れ線／面ｸﾞﾗﾌの挿入）の **2-D 面** を選ぶ。

② グラフを「新しいシート」に移動する（p.5 ③・④参照）。

③ デザイン・タブの
スタイル 2 を選ぶ。

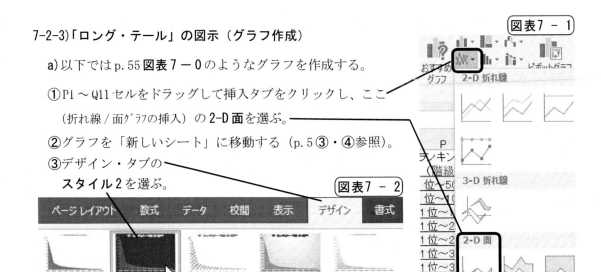

図表7 − 1

図表7 − 2

b)階級の仕切り線があるものを選んだ。見にくい場合もあろうが、以下、「配色」は変えないで作業する。

④ グラフタイトルを、**図 7-1　オリコン音楽ヒットチャート上位 500 曲の売上枚数**にする。

⑤ グラフを少し上に縮めて（ﾌﾟﾛｯﾄ・ｴﾘｱを縮小する）、グラフ下部に余白を作り、**注：オリコン社「エンタメ白書」2015 年度版より作成.** と記入する。

c)縦軸目盛は単位が 10。それでも数値が大きいので、また、軸の最大値が大きいので、次のようにする。

⑦ **図表 7-3** のようにポインタを置いて**右クリック**し、**軸の書式設定**で、最大値を 2.0E6 に、表示単位を **千** に変える。

d)E6 は、$\times 10^6$ を意味する。つまり、2.0E6 は、2,000,000（0 が 6 個）。エクセルでは 0 の数が多いとき、このような表記になることがある。

e)枚数の単位が 10 なので、**千**を選べば、この 10 倍の万単位になる。したがって、表示されている数値は、万単位である。また、文字の向きを変えた方が見やすい。そのため、次のようにする。

⑧ 下図のように**千**の所にポインタを置いて
右クリック。

図表7 − 3

図表7 − 4

軸の書式設定

軸のオプション ▼　文字のオプション

▲ 軸のオプション
境界値
最小値(N)　0.0　　　自動
最大値(X)　2.0E6　　リセット
単位
主(I)　　　200000.0　自動
補助(I)　　40000.0　　自動
横軸との交点
◉ 自動(O)
○ 軸の値(E)　　　　　0.0
○ 軸の最大値(M)
表示単位(U)　　　　　千　▼
☑ 表示単位のラベルをグラフに表示する(S)

図表7 − 5

①**表示単位ラベルの書式設定**でクリックし、ここ（サイズとプロパティ）の**配置**の**文字列の方向**で**縦書き**を選ぶ。

②千の上でクリックして 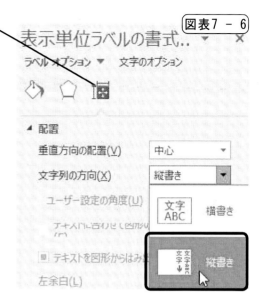 のようにし、**万枚**と書き換える。

７－３．ｅ‐マーケティングの潮流を探る《レポート作成》

a) 上までの作業で、音楽ヒットチャート売上枚数の推移についていろいろなことがわかった。消費者嗜好・動向について分析し、e マーケティングの潮流を鑑みながら、レポートを作成する。　　　　　　　　　　　　　　　　　　　　　　★嗜好…好み。

b) その際、もちろんロング・テール現象について言及し、また、ネット検索の結果や各自の知識を加味して論述する。　　　　　　　★言及…そのことに関係する話題にふれること。

③ワードファイル**7章rep**を立ち上げ、指示に従って執筆し始める。完成させるのは来週。今日作成したファイルを確実に保存しておく。

練習問題 7

c) 下記の手順・指示に従いながらレポートを作成する。

④ファイル**7B.xlsx**を各自のフォルダーにコピーしてから立ち上げる。

⑤シート**2000-04年上位曲**について、上までと同様の作業をする（面グラフを作る）。<u>縦軸目盛の最大値は変更しなくてよい</u>。

⑥タイトルは、**7-2　オリコン音楽ヒットチャート上位500曲の売上枚数（2000-04年）**
注は、**注：総務省『情報通信白書』（2006年度版）より作成.** とする。

⑦次に、シート**上位シェア推移**の加工。A2 ～ C23 セルをドラッグし、マーカー付折れ線グラフを<u>新しいシート</u>に作成する。

a）ここで、グラフ中でデータの値がわかる方が都合い
いので、次のようにする。

①デザイン・タブの**グラフ要素を追加**
のデータラベルで
上を選ぶ。

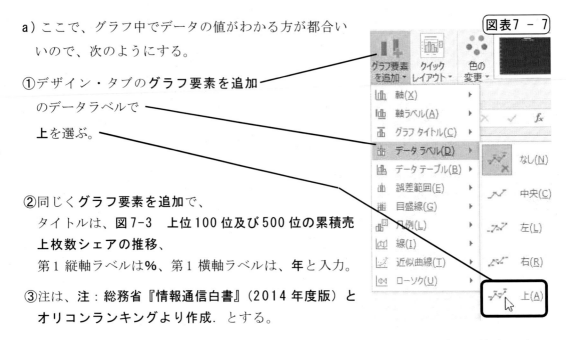

②同じく**グラフ要素を追加**で、
タイトルは、図7-3　上位100位及び500位の累積売
上枚数シェアの推移、
第1縦軸ラベルは**%**、第1横軸ラベルは、**年**と入力。

③注は、**注：総務省『情報通信白書』（2014年度版）と
オリコンランキングより作成**．とする。

④今日作成したグラフを検討することを含めて、先週に引き続きレポート作成に取り
組む。なお、**下記に注意**すること。

b）**図7-1** と **7-2** の面グラフは、全体を500位までとした場合（最下位が500位）の売行
き状況を、度数分布表を用いてグラフ化したものである（500位までで100%にな
る）。

c）これに対して**図7-3**の折れ線グラフは、何千位・何万位までもの全ての売上を100%
としたときの数値である。例えば（の数値だが）、全体で1万曲あるうち、1994年は
上位500曲で全体の69.4%の売り上げを占めていることを表す。

d）したがって、500位までの割合は100%ではない。

e）この500位までの割合、100位までの割合が、過去からどう変化してきているか、最
近の水準は過去と比べてどうか、を確認した上で考察する。

第 8 章
株 式 会 社 と 株 価
― 株 価 チ ャ ー ト に よ る 検 討 ―

８－０．本章の概要

a) 本章では、諸君の多くが就職するであろう「株式会社」が発行する「株式」とその価格である「株価」について理解してもらうことを目的とする。

b) まず、「株価」についてその価格の決まり方など基本的なルールを理解する。

c) 次に、yahoo ファイナンスのサイトから株価データを入手し、まず、株価の変動を示すグラフを作成する。下図のようなグラフを**株価チャート**、または**ローソク足チャート**と言う。

d) 次に「移動平均線」のグラフも作成する。そして、グラフの読み方だけではなく、株式投資の基本的なルールも同時に理解する。つまり「株式投資で失敗しないための基礎」を学ぶ。

図表8－0

グラフタイトル

８－１.「株式」、「株価」とは何か

8-1-1) 株式とは

a) 株式とは、株式会社が自らの運転資金（資本）を確保するために、**株式市場**（東京証券取引所や大阪証券取引所など）を通じて販売する、その株式会社の社員権、持分を示す有価証券（一定の権利を示すもの）の一種である。

b) つまり私たちが株式を購入することは「その会社の社員となること」であり、「その会社の経営に責任を持つこと」でもある（**有限責任**を負う）。例えば、株式を持っている会社が倒産してしまうと、その株式は価値がなくなり、売買できなくなる。

c) 株式を持っているという証明書が、有価証券の一種である**株券**である（2009年1月5日からは株券が電子化されるので、紙の形の株券は消滅する）。株式を持っている人や組織（銀行など）は一般的に**株主**と呼ばれ、法律的には**社員**である。他方、実際の会社で勤務している人は**従業員**と呼ばれ、株式を所有していなければ（法律的には）社員ではない。

d) 基本的な株式は証券会社に専用の口座を開設することで売買することができる。また、口座さえあれば、インターネットを通じて自宅や職場などからも売買ができるようになる。なお、一日ごとの株価変動に注目し売買を繰り返すことを**デイトレード**と言う。

8-1-2) 株価とは

e) 株価とは、株式市場で売買の約束があったときの値段のことである。つまり、株式を買いたい人と売りたい人の間で約束された株式の価格である。

f) 株価は、その会社の業績や経済状況などによって日々変化する。基本的には、買いたい人が多いときに価格が上昇し、売りたい人が多いときは価格が下がる。つまり、不況のときに株価は下がり、好況のときには株価が上がる傾向が強い。

g) また、市場全体を見た場合に株価が下がっているときでも逆に上っている銘柄（会社名のこと）もある。さらに、上がり続けていた株価がいつ急に下がるのかについては予測が難しい。それを事前にある程度予測するための道具がローソク足チャートである。

８－２. ローソク足チャートとは？

8-2-1) ローソク足チャートの仕組みと見方

h) ローソク足チャートは前ページ**図表8-0**の棒グラフ以外の箇所で、「棒が箱から突き抜けた」形が基本である。<u>読図の前提として、次の言葉を理解しておく必要がある。</u>

　　始値(ハジメネ)：その日最初に取引された株価。別称、**寄付き値**(ヨリツキネ)。

　　終値(オワリネ)：その日最後に取引された株価。

　　高値(タカネ)：その日の株価で一番高い株価。

　　安値(ヤスネ)：その日の株価で一番安い価格。

a) また、その株式の総取引株式数を**出来高**と言い、これが多いほど、市場でその株がたくさん売買されていることを示す。**図表8-0**の棒グラフ部分がそれである。

b) 株価と出来高の一般的な関係は次のとおりである。

図表8 - 1

株価＼出来高	多い	少ない
上昇	株価は上昇し続ける可能性高い	しばらく上昇するが近々、下降する可能性高い
低下	株価は低下して行く可能性高い	株価は低下しているが、今後上昇する可能性高い

c) ローソク足チャートは次のように見る。まず、高値が、始値と終値の高いほうより高く、そして安値が、始値と終値の安いほうより安い場合を図解すると右図の通りである（金額は、例えばの数値）。

図表8 - 2

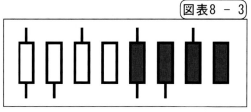

d) このように、終値が始値より高い場合、「箱」部分は白、逆に終値が始値より安い場合、「箱」部分は黒で表示する。

e) ここで、終値が始値より高い場合（白箱）を**陽線**、終値が始値より安い場合（黒箱）を**陰線**と言う。

f) ただし、陽線（白箱）の場合、高値＝終値なら「棒」は「箱」を上に突き抜かない（箱の中に隠れる）。また、安値＝始値なら下に突き抜かない。

g) 始値、終値、高値、安値の大小関係でローソク図は右図の8通りの色・形状がある。

図表8 - 3

h) 以上の例解として下図をあげておく（出典：日本経済新聞2013年8月13日朝刊）。

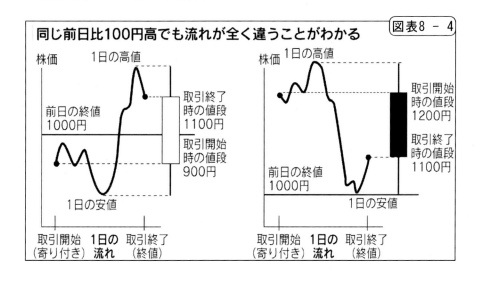

同じ前日比100円高でも流れが全く違うことがわかる

図表8 - 4

8-2-2）ローソク足チャートの作成≪実習≫

a) ここでは 2016 年夏に大きな話題となったポケモンＧＯに関係する任天堂の１年間のデータを入手して加工する。

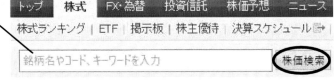

図表8 － 5

① yahoo ファイナンスで検索し、ここをクリックして**任天堂**とタイプ。

② 「株価検索」をクリックして**任天堂（株）［7974］**を選ぶ。

③ 「時系列」でクリック。

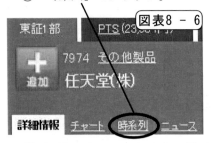

図表8 － 6

b) ここで「チャート」をクリックすれば、以下の作業で得られるのと同様のグラフが表示されるが、理解・訓練のため「時系列」を選ぶ。

④ 画面をスクロールし、表の最下部の下にある「株価時系列データをもっと見る」をクリック。

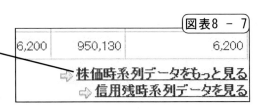

図表8 － 7

⑤ 2016 年 7 月 1 日から 2017 年 6 月 30 日までの１年間を指定し、

図表8 － 8

「デイリー」をクリックして、「表示」をクリック。

c) 後でみるように、任天堂の株価は 7 月上旬から 10 日あまりで倍になったが、7 月 22 日にポケモンＧＯによる業績への影響は限られると発表されると、逆に約２割下落した。

⑥ ここにポインタを置いて、表の右下端までドラッグして（色が反転する）、右クリック。
（下図の日付・数値などは、作業日とは異なる。）

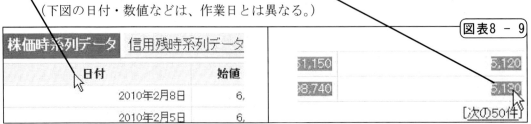

図表8 － 9

①「コピー」でクリック。

②ここで、エクセルを起動して、A1セルで**貼り付け**。

③ネット画面に戻り、「次へ」をクリックして同様の作業を続ける。ただし、最初の行（「日付 始値 高値 安値 終値 出来高 調整後終値*」）はコピー不要。そして、2016年7月1日までコピー＆ペースト(貼り付け)をする。

a) 列はA〜G、行は約240行のデータが得られる。……1年＝365日(366日)であるが、土日祝日等、取引のない日があるので約240日分のデータ。

b) 以下、エクセルの「株価チャート」作成のための表の整理・整頓作業。

④G列を削除。

⑤A1セルをクリックし、ホームタブの**並び替えとフィルタ**で **昇順**をクリック。

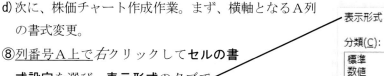

図表8-10

c)「日付 出来高 始値 高値 安値 終値」の列順で並んでいないとチャートができないので、次のようにする。

⑥列番号F上で右クリックして「切り取り」、列番号B上で右クリックして「切り取ったセルの挿入」。

⑦このへんで、 をクリックし、ファイル名を**株価チャート**として保存する。以後、こまめに上書き保存する。

図表8-11

d) 次に、株価チャート作成作業。まず、横軸となるA列の書式変更。

⑧列番号A上で右クリックして**セルの書式設定**を選び、**表示形式**のタブで **日付**をクリックし、*2001/3/14を選ぶ。

e) さて、1年間の株価チャートは非常に見にくいので、以下、最初の2か月分について作成し、出来高とローソク足を見る。

⑨A1〜F63セルをドラッグ。

⑩挿入タブの をクリックし、**すべてのグラフ**の**株価**で、これを選ぶ。

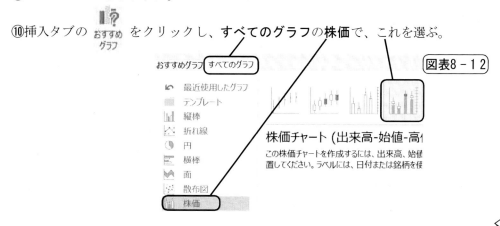

図表8-12

①グラフを新しいシートに移動する（p.5③・④参照）。

a) このグラフでは取引がない日も横軸に記されており、グラフに「空白」があるので、次のようにする。

②<u>横（項目）軸上でダブルクリック（または右クリック）</u>し、**軸の書式設定**をクリックして**軸のオプション**で**テキスト軸**を選ぶ。

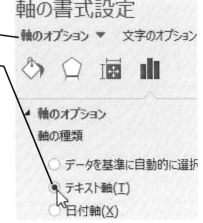

図表8－13

b) これで株価チャートが完成した（タイトル等の記入作業は省略）。ここでP.61〜62をもう一度見直し、語句やローソクの色・形状などを確認しよう。

8-2-3) 移動平均線グラフの作成≪実習≫

c) 上の株価チャートは、期間の長短にかかわらず概して変動が大きく、分析・検討しづらいことが多い。そこで終値（または平均株価など）の一定期間の平均値を連続的に観察できるようにするため、**移動平均**を求める。

d) 移動平均線とは、一定の期間の終値の平均値である。本章では30日移動平均値と13週平均値を求めてみる（さらに26週、200日など長期的な移動平均値を用いることもある）。

③G1セルに**30日平均**、H1セルに**13週平均**とタイプ。

④G31セルに、30日間の平均値を算出する。式は、

  ＝average（F2:F31）…セル範囲は、ドラッグして入力。

⑤右図のように（ただし数値はこの限りではない）G31セルのフィルハンドルにポインタを置いて、ダブルクリック。

図表8－14

⑥H66セルに、13週の平均値を算出する。式は、＝average（F2:F66）…セル範囲は、ドラッグして入力。

⑦⑤と同様にして最終行までコピー。

e) 次にA、G、H列で折れ線グラフを作成する。

⑧A1、G1、H1の3セル（軸と系列名）と、A、G、H列のそれぞれ第66行以下を範囲指定。

⑨挿入タブの「折れ線」の右図のもの（マーカーなし）を選ぶ。

⑩グラフを新しいシートに移動する（p.5③・④参照）。

図表8－15

f) 以上で株価変動の短期(30日)と長期(または中期＝13週)の2系列のグラフができた。後出の法則(p.69)を参考に検討しよう。

【参考】

　p.63 **図表8-3** で8種類のローソク足の形状を示したが、さらに「棒」と「箱」の長さ（ただし、相対的なもの）によって株価予想をすることがある。まず基本的なものを図示すると次の通りである。

名前	ローソク足の形	株価の動き	株価予測のヒント
小陽線		少し上昇	株価の上昇と低下の判断困難
小陰線		少し下落	株価の上昇と低下の判断困難
大陽線		大きく上昇	株価の上昇と低下の判断困難
大陰線		大きく下落	株価の上昇と低下の判断困難
上影陽線		一時株価上昇したが、その後下落した。結果として始値より少し上昇した。	売りのタイミング
上影陰線		一時株価下落したが、その後、上昇に転じた。最終的には始値より少し下落した。	売りのタイミング
下影陽線		一時株価は下落したが、その後、上昇に転じた。最終的には始値よりやや高くなった。	買いのタイミング
下影陰線		一時株価は上昇したが、その後、下落に転じた。最終的には始値よりやや低くなった。	買いのタイミング
寄引同時線		株価変動はあったものの、結局株価の始値と終値が同じになった。	株価の上昇と低下の判断困難

次に、応用的なものを図示すると次の通りである。

名前	ローソク足の形	株価の動き	株価予測のヒント
陽の丸坊主		始値を割らずに大きく上昇	株価の上昇と低下の判断困難
陰の丸坊主		始値を超えずに大きく下落	株価の上昇と低下の判断困難
陽の寄付坊主		始値を割らずに上昇し、その後下落したが、最終的には始値よりも高くなった。	株価の上昇が続いていれば売りのタイミング。株価の上昇が始まったばかりなら買いのタイミング
陰の大引坊主		株価の上昇の後、下落して、結局始値よりも低くなった。	基本的には売りのタイミング
トンカチ		陽の寄付き坊主、陰の大引坊主と同じ。ただし、値動きは小さい。	売りのタイミング
陽の大引坊主		一時株価は下落したが、最終的には高値で終了した。	株価が下落しているところで出れば買いのタイミング。それ以外では判断困難
陰の寄付坊主		始値を超えずに株価が下落し、最終的には始値よりも安いところで終了した。	売りのタイミング
カラカサ		陽の大引坊主と陰の寄付坊主と同じ。ただし値動きは小さい。	一時的に株価が上昇するが、基本的には売りのタイミング

　また、移動平均線と株価の複合分析として**グランビルの法則**と言うものがある。これは、アメリカの証券アナリスト、ジョセフ・E・グランビルが考案した、「200日移動平均線と株価の関係から導き出された8つの売りと買いの法則」のことである。（次頁**図8-18**参照。）

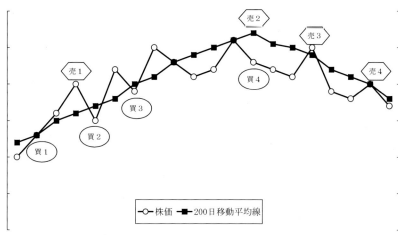

グランビルの法則

出所）筆者作成。

買1：株価が移動平均線を越えるポイント：買いのタイミング
売1：移動平均線は上昇しているが、株価がそれから大きく離れているとき：売りのタイミング
買2：株価は下落しているが、移動平均線は上昇し続けている：買いのタイミング
買3：株価は下落しているが、再び株価が上昇に転じた場合：買いのタイミング
売2：移動平均線が低下しはじめ、株価が移動平均線よりも下にあるとき：売りのタイミング
買4：株価が移動平均線のかなり下に急落したとき：買いのタイミング
売3：移動平均線が低下中に、株価が移動平均線の上になっているとき：売りのタイミング
売4：株価が上昇するものの、移動平均線の上にならないとき：売りのタイミング

発展演習問題8

　上場企業を1つ選び、8-2-2)、8-2-3)と同様にして株価チャートと移動平均線グラフの2つを作図しなさい。

　または、yahooファイナンスのチャートの1年、2年、5年のいずれかのグラフを用いて、

　その会社全般およびその株価について、上のグランビルの法則を参考にしながら自由に論評しなさい。13weekを短期、26weekを長期と見なしてよい。

★グラフを貼り付けたワード・ファイルを提出。yahooファイナンスのグラフの貼り付け方は、グラフ上で右クリック→「コピー」→（ワード上で単純に）貼り付け。

追加　任天堂(株)　29,90

詳細情報　チャート　時系列　ニュース　企業情報　掲示板　株主優待

指標を表示する

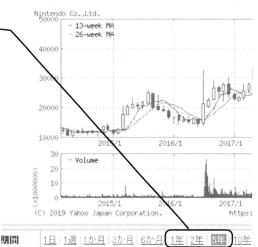

期間　1日｜1週｜1か月｜3か月｜6か月｜1年｜2年｜5年｜10年

第 9 章

会社を数字で見てみよう(3)
── 安全性と収益性の分析 ──

9－0. 本章の概要

a) 第6章では会社の利益やキャッシュ・フローを見た。本章ではもう少し詳しく会社を数字で分析してみる。

b) 企業経営の分析を行う上で重要となるのが「安全性の分析」と「収益性の分析」である。本章ではそれらの考え方をマスターする。

c) 本章ではまず、家電・カメラ等の量販店であるビックカメラと上新電機の売上高と収益性、および安全性についてのデータを扱う(2つのグラフを作成)。収益性については下図のようになる。

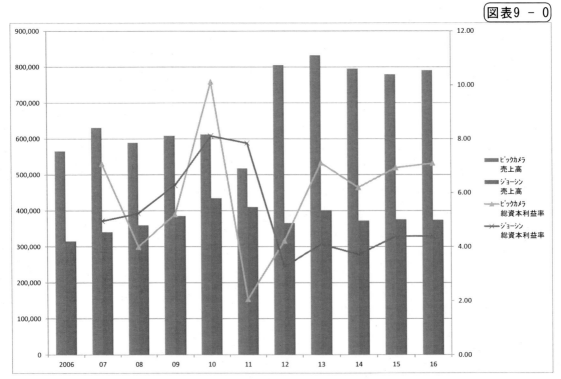

９－１．安全性の分析

9-1-1) 貸借対照表の概要

a) 安全性の分析とは、その企業が倒産しそうにないかどうか、言い換えるならば企業の支払能力を見ることを言う。

b) 本節では会社の「安全性の分析」として流動比率について見ていくのだが、その前に安全性の分析をするうえで必要不可欠となる**貸借対照表**について説明する。

c) 貸借対照表（Balance Sheet ; B/S と記すことが多い）とは右のフォーマットで構成されている。B/S は「企業の財政状態を明らかにする」ものである。簡単に言うと、会社がいくらの財産（資産）と借金（負債）と純財産（資本）を持っているかを表わすものである。

図表9 － 1

貸借対照表のフォーマット

流動資産 現金、預金、 売掛金、受取手形、 商品、…	流動負債 買掛金、支払手形、 短期借入金、…
	固定負債 長期借入金、 社債、…
固定資産 土地、建物、機械、 車両運搬具、…	純資産 （自己資本のこと）
資　産	負債・資本

d) まず大枠の説明から。**資産**とは会社が保有する財産のことである。次に**負債**とは会社が抱えている借金のことである。最後に**資本**とは「資産から負債を差し引いたもの」であり、純財産を意味する。B/S においては必ず「資産＝負債＋資本」の関係が成り立つ。

e) 負債は「他人資本」とも呼ばれる。また資本は**自己資本**とも呼ばれる。負債である「他人資本」と資本である「自己資本」を合計したものを「総資本」という。

f) 次に負債に注目すると、図の通り**流動負債**と**固定負債**に分類される。負債は要するに会社が抱えている借金のことである。そして借金には必ず支払期日がつきまとう。

g) 流動負債とはこの支払期日が１年以内にやってくるものであり、具体的なものには買掛金、支払手形、短期借入金などがある。これに対して固定負債は、支払期日が１年後以降にやってくるもので、具体的には長期借入金や社債などがある。

h) 最後に資産に注目する。資産も負債と同じように**流動資産**と**固定資産**とに分類される。**流動資産**とは１年以内に現金になることが予定されている資産であり、具体的には現金・預金、売掛金、商品などがある。これに対して**固定資産**とは１年以内に現金化されることが予定されていない資産のことであり、具体的には土地、建物、機械装置などがある。

9-1-2)「流動比率」から企業の安全性を見る

i) 会社の安全性とは、言い換えるなら「会社の倒産可能性」である。倒産とは「支払不能状態」のことである。

j) 上で見た流動負債について、例えば、とある企業が合計４億円の流動負債を抱えているとする。このことは１年以内に４億円の現金を用意することができなければ流動負債を支払いきることができず、倒産することを意味している。

Q. 1) 次の２社はともに４億円の流動負債を抱えているが、どちらが安全な会社だろうか？

A社の貸借対照表

流動資産 **6億円**	流動負債 **4億円**
	固定負債 **3億円**
固定資産 **4億円**	純資産 **3億円**
資産合計 10億円	負債・資本合計 10億円

B社の貸借対照表

流動資産 **2億円**	流動負債 **4億円**
固定資産 **8億円**	
	固定負債 **3億円**
	純資産 **3億円**
資産合計 10億円	負債・資本合計 10億円

a) 解答はA社である。注目すべきは流動**資産**の金額である。流動負債が１年以内に支払期日がやってくる借金であり、前述のように１年以内に流動負債分の現金を用意しなければ倒産することを意味する。ここで重要となるのが流動資産である。

b) 前述のように、流動資産とは１年以内に現金化することを予定している資産である。つまり、流動負債以上に流動資産があるのならば、その会社は十分支払能力があり倒産可能性は低いことを意味する（A社のケース）。

c) 逆に、流動負債よりも流動資産の金額の方が少ない場合は、その会社の支払能力には問題があることを意味する（B社のケース）。したって、より安全なのはA社である。

d) 上記の考え方に基づいて企業の安全性を数値に直したものが「流動比率」である。流動比率は次の公式で求められる。

流動比率(%)＝流動資産÷流動負債× 100

e) 流動比率の値は最低でも100%必要であることは先の考え方からもわかるであろう。日本企業においては、特にメーカーでは流動比率は150%以上が望ましい数値とされている。

f) 上の例では、A社の流動比率は150%、B社の流動比率は50%。この数値から見てもA社の方が安全であることがわかる。

9-1-3)「自己資本比率」から企業の安全性を見る

g) 前ページの9-1-1で説明したとおり、負債は他人資本とも呼ばれ、資本は自己資本とも呼ばれる。そして他人資本と自己資本の合計額を「総資本」という。

h) そして感覚的にもわかるように総資本に占める他人資本の割合は少ないほうがよい。要するに借金には、必ず支払期日があり、借入金や社債などには利息が付きまとうからである。

a) 上記を言い換えるならば、総資本に占める自己資本の割合が多い方が望ましいのである。それだけ支払期日や利息に悩まされることなく、安全であるといえる。

b) この総資本に占める自己資本の割合のことを「自己資本比率」という。自己資本比率は下記の公式で求められる。

自己資本比率(%)＝自己資本÷総資本×100

c) 日本のメーカーにおいては自己資本比率50%以上が一応の目安となっている（あくまでも目安である）。

９－２．収益性の分析

9-2-1) 総資本利益率（ROA）

d) 収益性の分析とは、その企業がどれだけ効率的にお金儲けをしたかをみることをいう。

e) 第６章では損益計算書から利益の金額を見た。企業の目的を突き詰めて言うならば「金儲け」ということになる。企業がどれだけの金額の利益を稼いだかを見ることは確かに重要なことではあるが、それだけでは不十分である。利益の金額のみでは企業がどれだけ効率的にお金儲けをしたかを知ることはできないからである。このことを下記の簡単な例で説明してみたい。

> Q.2) X君とY君は一緒に競馬場に行った。目的はギャンブルで一儲けすることである。競馬場から帰ってきたところ、X君の儲けは１万円、Y君の儲けは２万円であった。X君とY君、どちらが優秀なギャンブラーであろうか？

f) この答えは「判らない」である。確かに儲けの金額だけで見るならばY君の方が多い。しかし、この例ではX君Y君の元手の金額が判っておらず、優劣を付けることはできないのである。

> Q.3) X君は元手２万円、Y君は元手10万円を持って競馬に行った。X君の儲けは１万円、Y君の儲けは２万円であった。どちらが優秀なギャンブラー？

g) X君は元手２万円で１万円の儲けを出した。元手と儲けの割合でいうならば、「儲けの１万円÷元手の２万円＝50%」ということになる。それに対してY君は元手10万円に対して儲け２万円、割合でいうと「儲けの２万円÷元手の10万円＝20%」となる。したがって優秀なのはX君ということになる。言い換えるならばX君の方が効率的にお金儲けをしたことになる。

h) 以上要するに、どれだけ効率的にお金儲けをしたかどうかは元手と利益の関係で見なければならないのである。

a) この考え方は企業にも当てはまる。企業がどれだけ効率的にお金儲けしたかどうかを見る場合にも「元手と儲け」の関係で見なければならないのである。

b) 企業にとってのお金儲けのための元手とは、「資本」のことである。資本には他人資本、自己資本、総資本と3種類のものがあるが、中でも特に重要となるのが、企業にとっての元手の総額を表わす「総資本」である。

c) 企業にとっての儲けとは、第6章で見た利益のことである。利益には様々なものがあったが、本章では<u>企業の総合的収益力を示す「経常利益」</u>を用いる。

d) 企業がどれだけ効率的にお金儲けをしたかを示すのが「総資本利益率」であり、**ROA**とも言われる。総資本利益率は下記の公式で求められる。

総資本利益率(%)＝経常利益÷総資本(期首総資本と期末総資本の平均額) × 100

e) 先のQ.3)のケースで言うならば、X君の総資本営業利益率は50%、Y君の総資本利益率は20%である。この総資本利益率は、もちろん、高ければ高い方がよい。総資本利益率は最低でも5%以上であることが必要とされることが多い。

f) 総資本利益率は企業の収益性を判断する際の最重要指標として広く用いられている。

9−3．安全性と収益性の財務指標《実習》

9-3-1) ウィンドウ枠の固定

① ファイル**9A.xlsx**を各自のフォルダにコピーしてから立ち上げる。

g) 大きな表の場合、この表では常にA列と第1行〜第5行が見えているのが便利である。次のようにしてみる。

② B6セルをクリックして、表示のタブでこのようにクリック(指定)する。

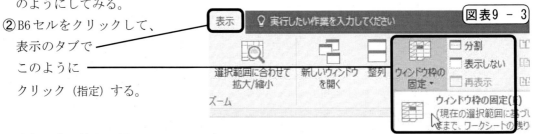

9-3-2) 各比率の算出要領

③ R列以降の空欄を算出する。流動比率の算式はp.73d)、自己資本比率の算式はP.74b)。小数点第1位まで表示($\overset{.00}{\leftarrow_{.0}}$ $\overset{.00}{\rightarrow}$ は、ホーム・タブ内)。

h) 総資本利益率の算式は上記d)であるが、分母の値は、総資本がその1年間に平均的にいくらあったか(存在したか)の額である(平均**在高**^{ありだか}という)。それは、**前期(前年)末の総資本高と当期(当年)末の総資本高の平均値**で計算される。まずこれを計算しておく。

④ T7セルは、＝(H6+H7)/2 。U列最終行までコピー。

⑤ そしてR7セルは、＝L7/T7*100 。U列最終行までコピーし、小数点第2位まで表示。

x

9-3-3）収益性比率と売上高のグラフ化

a）ここでは総資本利益率（ROA）の推移を売上高の動きと同時にみる。

①年次、売上高、ROA に関するセル（A、J、K、R、S列の第5行以下）を範囲指定。

②p.17①〜p.18③の要領で**2軸グラフ**を作成する。<u>総資本利益率を折れ線にして右軸（第2軸）目盛にする。</u>

③タイトルは、**図9a　家電量販店の売上高と収益性比較**

④**軸ラベル**の左軸（第1縦軸）は、**売上高（百万円）**。右軸（第2縦軸）は、**総資本利益率（%）**。それぞれ縦置きにする（p.6①・②参照）。横軸ラベルは、**年度**。注は表と同じ。

9-3-4）グラフの検討

b）まず、ビックカメラのは売上高が2012年に急増しているのは、（株）コジマを完全子会社化したからである。ただその後、売上高は伸び悩んでいる。<u>2014年は消費税率が引き上げられた</u>ため、ある程度やむを得ないだろう。

c）ROAもこの年にやや落ちた。急激な増収・増益は望めないのならば、2015年から16年にかけての傾向、つまり、売上も利益も、またROAも微増している傾向を維持しながら、上記の安全性に留意した経営が求められる。

d）他方、上新電機の売上高は2011年・12年と落ちた後、伸び悩んでいる。2014年以降、増益でROAも上昇しているが、その水準は、ビックカメラの3分の2程度である。上新電機には、安全性の水準を落とすことなく、より高い収益性の実現が求められる。

9-3-5）安全性比率のグラフ化

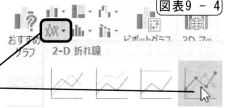

図表9 - 4

⑤年次、流動比率、自己資本比率のセル（A列とN〜Q列の第5行以下）を範囲指定して、挿入タブをクリックし、折れ線のこれを選ぶ。

⑥グラフを新しいシートに置く（p.5**図表1-15**参照）。
　タイトルは、**図9b　家電量販店の安全性比較**

⑦**軸ラベル**の縦軸は、**（%）**。縦置きにする（p.6①・②参照）。横軸ラベルは、**年度**。

⑧注は、表と同じでよい。「数式バー」の方法で記入（p.6**図表1-19、20**参照）。

9-3-6）安全性に関するグラフの検討

a）流動比率については、上新電機はなんとか100％以上あり、近年も増加して130％程度になっている。また自己資本比率も傾向的に増加し40％超となっている。流動比率の更なる向上が望まれるが、短期的な支払能力に問題はないと言えよう。

b）一方ビックカメラは、ここ数年の自己資本比率の推移と水準に限っては問題ないが、2012年までは流動比率が100％未満という極めて危険な状態であった。2013年にやっと100％超となった後2年連続で上昇したが、2016年は115％に落ちているので問題がある言わざるを得ない。

練習問題9－1

①ファイル9B.xlsx を各自のフォルダにコピーしてから立ち上げる。

②前ページまでと同様にして、安全性と収益性のグラフを作成する。

③ワードファイル**練習9-1**の指示にしたがってレポートを提出する。

練習問題9－2

④ファイル9C.xlsx について、**練習問題9－1**と同様にし、ワードファイル**練習9-2**の指示にしたがってレポートを提出する。

第 １ ０ 章

プロダクト・ポートフォリオ入門

１０－０. 本章の概要

a) 本章では、自社の事業や製品が市場でどのようなポジションを占めているかを把握するための手段の一つである、**プロダクト・ポートフォリオ・マネジメント（ＰＰＭ）**について学ぶ。

b) 2007-8 年の日本コカ・コーラ株式会社の出荷量データを用いて、下のような**バブルチャート**を作成する。データが古いのは、ＰＰＭ学習のための適当な時期を選んだため。

c) 作成したバブルチャートなどを基にして、日本コカ・コーラ株式会社が取るべきマーケティング戦略の方向性について考察する。

図表１０－０

図10　日本コカ・コーラ社カテゴリー別ポートフォリオ分析

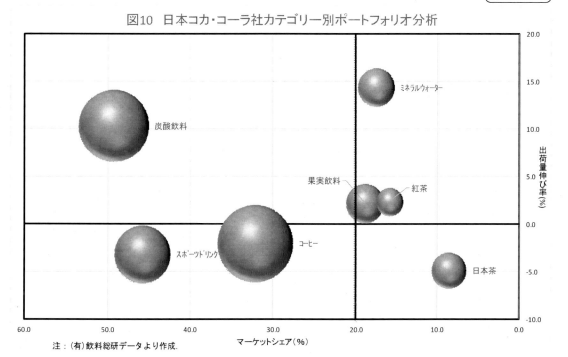

注：(有)飲料総研データより作成.

１０－１．プロダクト・ポートフォリオ・マネジメント

10-1-1) プロダクト・ポートフォリオ・マネジメントとは

a) 企業は、ただ漫然と各事業や製品に経営資源を投入しているだけでは、本来力を入れる べき事業や製品に十分な経営資源が回らず、市場で競争力を失うことになりかねない。

b) また、新事業や新製品を展開・開発するにあたっても、「今流行りだから」「儲かりそう だから」という理由だけでは失敗することが多い。

c) プロダクト・ポートフォリオ・マネジメント（Product Portfolio Management）とは、 企業が存続し、成長していく上で重要な課題に対して意思決定をサポートするツール。

d) 例えば、「自社の限られた経営資源をどのように配分すべきか」とか、「企業活動におけ る多角化やブランド群、製品ラインをどのように組み合わせれば相乗効果（これを**シナ ジー効果**と言う）が発揮できるか」といったことを考えるもの。

e) より具体的には、<u>マーケット・シェアを横軸に、売上伸び率を縦軸に取ったバブル・ チャート</u>で自社製品のポジションを見極め、今後経営資源を多く投入すべき製品は何か、 現状維持でよい製品はあるか、逆に撤退すべき製品はないか、といった経営戦略、マー ケティング戦略の方向性を導き出すことを指す。

10-1-2) プロダクト・ポートフォリオ・マネジメントの実際

f) プロダクト・ポートフォリオは４つの領域に分けられ、下表のように、「花形」「問題児」 「金のなる木」「負け犬」で構成されている。

図表１０－１

大	花形	問題児
↑ 市場伸び率 ↓ 小	シェアが高く、高成長中の商品。多くの利益を得る一方で、集中投資を行う必要のある商品。	花形候補の新規参入商品。投資が多く、利益がでない金食い虫の商品。
	競合他社との競争に負けないようにしながら、花形を維持し、基幹商品へと育てる。	花形へ移行すべく投資に専念。一方で花形となるかどうかの早期判断も行う。
	金のなる木	**負け犬**
	競争を勝ち抜き、安定した状態にある商品。少ない投資で多くの利益を得ることができる商品。	市場競争に負けたか、プロダクト・ライフサイクルを終えた商品で、利益は得られない。
	できるだけ長く現状を維持する。稼いだ利益は、次の商品に投資する。	基本的に撤退を検討すべき商品。

大　←　マーケット・シェア　→　小

g) プロダクト・ポートフォリオの４つの領域は、プロダクト・ライフサイクル（導入→成 長→成熟→衰退）との関係が深い。各段階別に説明すると次の通り。

a）製品の導入

新製品を導入したばかりの時期は、市場の関心は高いものの、マーケット・シェアを獲得していない状況で、ポートフォリオでは「問題児」に位置し、売上の規模を表す円もあまり大きくない。この新製品が「負け犬」にならないよう、マーケット・シェアを高め「花形」に近づけてゆく。

b）製品の成長

製品が成長すると「花形」へと進む。ところが、「花形」はマーケット・シェアが高いので市場の関心も高い。市場の関心が高いということは、競合他社との競争が激しく、多くの経営資源を投入しないと「負け犬」になる危険性をはらんでいる。

c）製品の成熟

他社との競争に勝ち抜くと「金のなる木」へと進む。製品としても成熟期を迎え、マーケット・シェアも確保し、市場の関心も落ち着いているので、あまり多くの経営資源を投入しなくても安定した利益を得ることができる状況。

d）製品の衰退

衰退期を迎えると販売量も落ちる。あまり多くの経営資源を投入しても仕方のない製品は、できるだけコストを抑える。場合によっては「負け犬」に移行させることで、市場からの撤退を考えることがある。

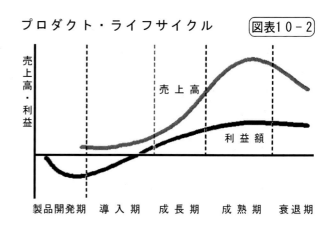

プロダクト・ライフサイクル　図表10-2

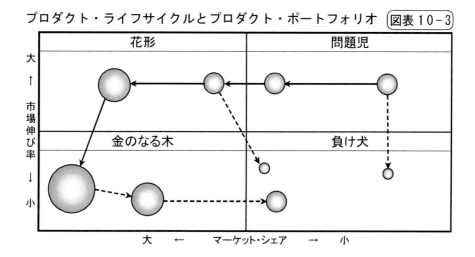

プロダクト・ライフサイクルとプロダクト・ポートフォリオ　図表10-3

１０－２．プロダクト・ポートフォリオ・マネジメントの実際《実習》

a)以下では、日本コカ・コーラ社の飲料データ等から、カテゴリー別（製品種類別）にプロ
ダクト・ポートフォリオを検討するために**バブル・チャート**を作成する。

10-2-1）カテゴリー別集計（SUMIF関数の利用）

①ファイル**10A.xlsx**を各自のファイルにコピーしてから立ち上げる。

b)表１は、ブランド毎にカテゴリーおよび２年分の出荷量を表示したものである。以下では
表２の空欄を埋める。まずG列から。

②G4セルをクリックしてから
関数の導入 をクリック。

③ ∨ をクリックして
すべて表示
でクリック。

④SUMIF を選んで
OK 。

c)SUMIF関数は、条件に合うものだけ
を選び出し、それらの合計を算出
するものである。

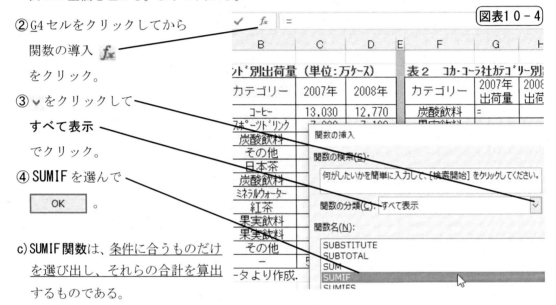

図表10－4

⑤下図のように合計対象範囲（カテゴリー名とその数値）である<u>B4～D14セル</u>をドラッグ。

d）ここで、<u>項目名（「カテゴ
リー」や「2007年」）は範囲
指定しない</u>。なお、2007年に
ついてのみ集計する場合は、
2008年の列を範囲指定する
必要はない（ここでは、SUMIF
関数の構造を理解するためあえ
て2008年の列も範囲指定し
た）。

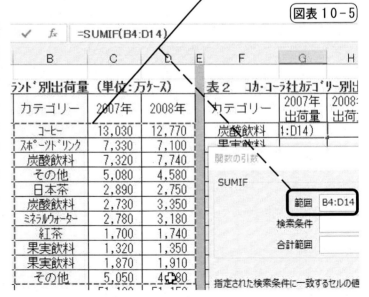

図表10－5

ランド別出荷量（単位：万ケース）				表２　コカ・コーラ社カテゴリー別出		
カテゴリー	2007年	2008年		カテゴリー	2007年出荷量	2008出荷
コーヒー	13,030	12,770		炭酸飲料	1:D14)	
スポーツドリンク	7,330	7,100		果実飲料		
炭酸飲料	7,320	7,740				
その他	5,080	4,580				
日本茶	2,890	2,750				
炭酸飲料	2,730	3,350				
ミネラルウォーター	2,780	3,180				
紅茶	1,700	1,740				
果実飲料	1,320	1,350				
果実飲料	1,870	1,910				
その他	5,050	4,580				

① **F4**(ﾌｧﾝｸｼｮﾝ・4)キーをたたいて **$B$4:$D$14** とし、

検索条件の枠をクリックして、F4 セル

をクリック。

図表10−6

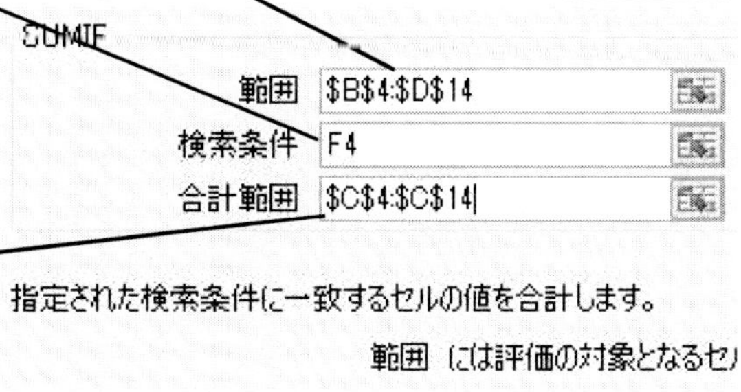

関数の引数

SUMIF

範囲	$B$4:$D$14
検索条件	F4
合計範囲	$C$4:$C$14

指定された検索条件に一致するセルの値を合計します。

範囲 には評価の対象となるセ

② 合計範囲は、C4 〜 C14 セルをドラッグ

してF4(ﾌｧﾝｸｼｮﾝ・4)キーをたたく。

$C$4:$C$14 になったことを確認して

OK 。

③ G4 セルをクリックし、 **,** （3桁区切りボ

タン）をクリックしてから、G15 セルまでコピー。

a）ここで「範囲」と「合計範囲」は<u>絶対参照</u>（コピーしてもその範囲は変わらない）、「検索
条件」は<u>相対参照</u>（コピーしたとき、行も列も動く）にした意味を考える。

④ G16 セルをクリックし、 **Σ オート SUM** でG4 〜 G15 の合計を算出し、C15 セルの値と同
じか確認する（違っていれば、前ページ②からやりなおし）。

b）次にH列。G列での操作とは「合計範囲」が異なるだけである。

図表10−7

範囲	$B$4:$D$14
検索条件	F4
合計範囲	$D$4:$D$14

⑤ H4 セルをクリックして *fx* をクリックし、**SUMIF 関数**を選び、

右図のように指定して OK 。

⑥ 上の③と同様にし、H16 の値とD15 の値が同じであることを確認する。

⑦ **SUMIF 関数**の構造を確認するため、G4 〜 H15 の任意のセル（どのセルでもよい）をダブ
ル・クリックする。

c）なお、混合参照に慣れていれば、G4 セルに＝ SUMIF($B$4:$D$14, $F4, C$4:C$14) とイン
プットし、下→右へのフィルハンドル・ドラッグによるコピーで手早く作業が済む。

10-2-2）シェアと伸び率の算出

d）**図表 10-0**（p.77）のように、バブル・チャートの横軸はマーケット・シェア、縦軸は売
上伸び率である（円の大きさは、ここでは2008 年出荷量）。

e）「マーケット・シェア」は、全体の中の各カテゴリーの割合なので、（2008 年出荷量）/
（マーケット規模）である。

⑧ J4 は、＝ H4/I4*100 （セル名は、そのセルをクリックして入力）。小数点第 1 位まで表示。

⑨ フィルハンドル・ダブルクリックによるコピーで J16 セルまでコピー。

f）最後に、カテゴリーごとの「出荷量伸び率」の計算。前年に比べて今年がどれだけ増
えたか・減ったかを示す割合なので、

（2008 年出荷量− 2007 年出荷量）/2007 年出荷量となる。

①K4 は、＝(H4-G4)/G4*100 。フィルハンドル・ダブルクリックによるコピーでK16 セルまでコピー。小数点第１位まで表示。

a) ここで、乳性飲料など2007年に出荷していなかったものは、分母が０なので算出できない（#DIV/0!と表示）。

②#DIV/0!と表示されているセルを ０（ゼロ） に書き換える。

10-2-3) バブルチャートの作成

b) 以上でバブルチャートの要素である**円の大きさ(H列：出荷量)・横軸(J列：シェア)・縦軸(K列：伸び率)**の数値が揃った。ただ、バブルチャート作成のためには、データの列が**左からシェア(横軸)、伸び率(縦軸)、出荷量(円)**の順で並んでいる必要がある。そこで次のようにする。

③H4 ～H15 セルをドラッグして**右**クリックし、**コピー**でクリック。

④L4 セル上で**右**クリックし、**値**でクリック。

c)「その他」と「合計」はもちろん作図対象外。また、バブルチャート作成の際、項目名部分（ここでは第３行）は不要。

⑤J4 ～L14 セルをドラッグして挿入タブをクリックし、**すべてのグラフ**の**散布図**で、これを選ぶ。

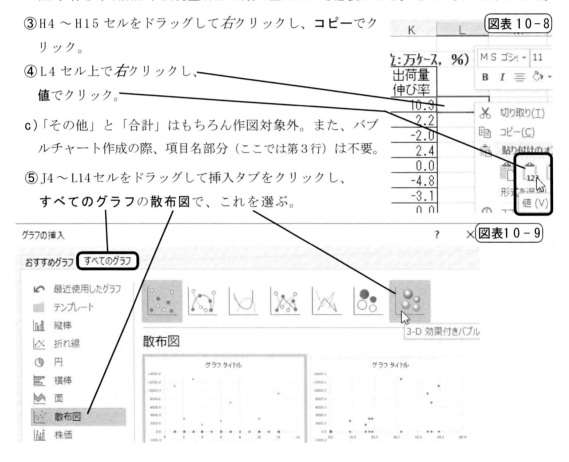

図表１０-８

図表１０-９

⑥新しいシートにグラフを移動する（p.5 ③・④参照）。

d）以下、ＰＰＭの４領域を明示するための書式設定作業（外枠等を太線にするなど）。

⑦横軸目盛数値の任意の所にポインタを置いて右図のようになったら、ダブルクリック。

図表１０-１０

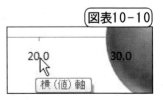

①軸のオプションで右図の2つ枠内のように設定し、画面を下にスクロールして

②ラベルの位置を

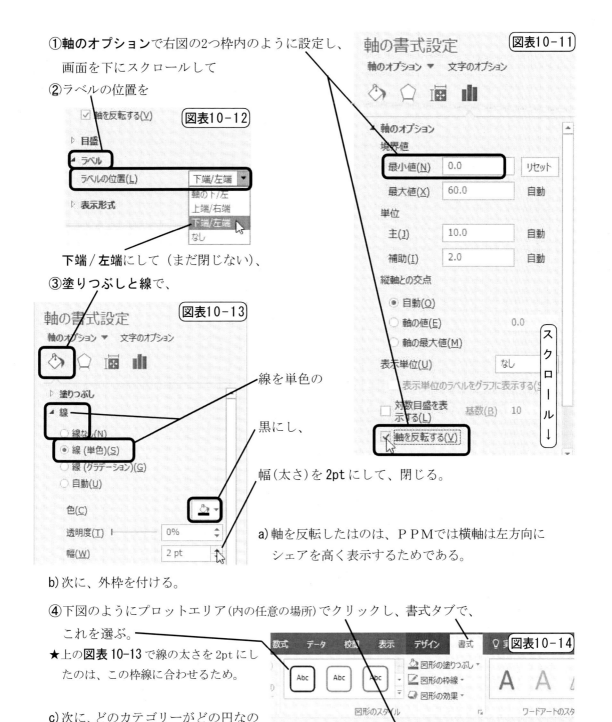

図表10-12

☑ 軸を反転する(V)
▷ 目盛
◢ ラベル
ラベルの位置(L) 下端/左端 ▼
　　　　　　　　　軸の下/左
　　　　　　　　　上端/右端
　　　　　　　　　下端/左端
　　　　　　　　　なし
▷ 表示形式

下端/左端にして（まだ閉じない）、

③**塗りつぶしと線**で、

軸の書式設定　**図表10-13**
軸のオプション ▼　文字のオプション

▷ 塗りつぶし
◢ 線
　○ 線なし(N)
　⦿ 線 (単色)(S)
　○ 線 (グラデーション)(G)
　○ 自動(U)
　色(C)
　透明度(T) |　　　　0%
　幅(W)　　　　2 pt

線を単色の

黒にし、

幅（太さ）を **2pt** にして、閉じる。

軸の書式設定　**図表10-11**
軸のオプション ▼　文字のオプション

◢ 軸のオプション
境界値
最小値(N)　0.0　　リセット
最大値(X)　60.0　　自動
単位
　主(J)　　10.0　　自動
　補助(I)　2.0　　自動
縦軸との交点
　⦿ 自動(O)
　○ 軸の値(E)　　　0.0
　○ 軸の最大値(M)
表示単位(U)　　　　なし
　　表示単位のラベルをグラフに表示する(S
　□ 対数目盛を表示する(L)　基数(B)　10
　☑ 軸を反転する(V)

スクロール↓

a) 軸を反転したはのは、ＰＰＭでは横軸は左方向にシェアを高く表示するためである。

b) 次に、外枠を付ける。

④下図のようにプロットエリア(内の任意の場所)でクリックし、書式タブで、これを選ぶ。

★上の**図表10-13**で線の太さを2ptにしたのは、この枠線に合わせるため。

数式　データ　校閲　表示　デザイン　書式　　**図表10-14**

Abc　Abc　Abc　　🖉 図形の塗りつぶし
　　　　　　　　　　🖉 図形の枠線
　　　　　　　　　　🖉 図形の効果
　　図形のスタイル　　　　ワードアートのスタ

グラフ タイトル

プロット エリア

c) 次に、どのカテゴリーがどの円なのかが、わかるようにする。

①グラフ要素のデータラベルの ▶ をクリックして、

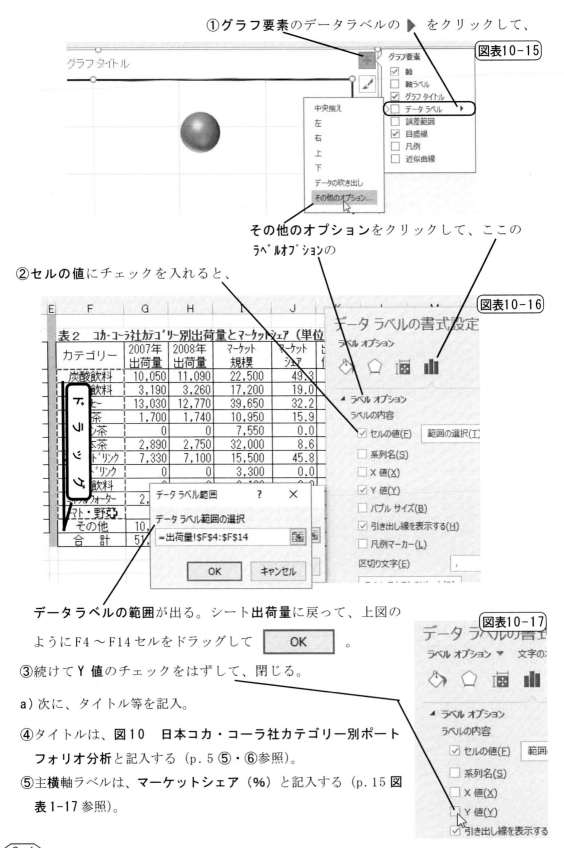

図表10-15

その他のオプションをクリックして、ここの
ラベルオプションの

②セルの値にチェックを入れると、

図表10-16

データラベルの範囲が出る。シート出荷量に戻って、上図の
ようにF4〜F14セルをドラッグして　OK　。

③続けてY値のチェックをはずして、閉じる。

a) 次に、タイトル等を記入。

④タイトルは、図10　日本コカ・コーラ社カテゴリー別ポート
フォリオ分析と記入する（p.5 ⑤・⑥参照）。

⑤主横軸ラベルは、マーケットシェア（%）と記入する（p.15 図
表1-17参照）。

図表10-17

①主縦軸ラベルは、**出荷量伸び率（％）** と記入する。
縦書きにするには、**軸ラベルの書式設定** の
サイズとプロパティ で

これを選ぶ。

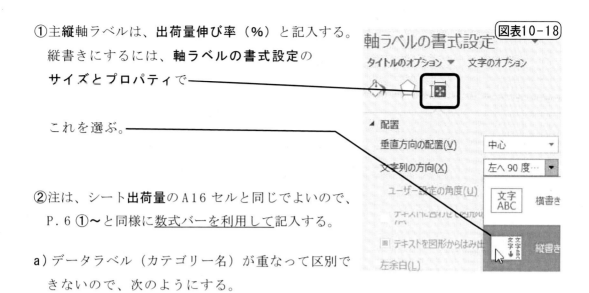

②注は、シート**出荷量** のＡ16 セルと同じでよいので、
Ｐ.６①〜と同様に数式バーを利用して記入する。

ａ）データラベル（カテゴリー名）が重なって区別で
きないので、次のようにする。

③例えばこのようにポインタを置いて、適当にドラッグする。

ｂ）最後に、垂線を引いて「問題児」「花形」「金のなる木」「負け犬」の４つの領域に分け
る。ここでは、マーケット・シェア20％を境とする（出荷量伸び率は０％を境とする）。

④書式タブの
図形の挿入の「直線」を選び、
20.0 の所で垂線を引く（＋形に
してシフト・キーを押しなが
らドラッグ）。

⑤（線が細いので）ここをクリックして、
太いものを選ぶ。

ｃ）さて、マーケット・シェアの境界線を引く位置は、「自社のマーケット・シェアの目
標値」によって異なる。なぜなら、自社の置かれている環境によって、マーケット・
シェアが５％もあれば良いという企業もあれば、20％以上なければダメだというよう
に、様々な状況が考えられるからである。

a）また、<u>売上伸び率（出荷量伸び率）</u>も同様に市場全体の伸び率を鑑みる必要があり、前年と比べて５％伸びていれば良いという企業もあれば、50％以上でなければダメだと判断する企業があることも考えらる。

練習問題１０

　ワードファイル**練習10**を利用して、レポートを提出する。作成したバブルチャートおよびネット検索を行い、日本コカ・コーラ社が採るべきマーケティング戦略の方向性を考える。

★参考までに、2014-15年のデータで作成したものを示す（本講で2007-8年のものを使ったのは、ＰＰＭの学習用としてより適当であるから）。

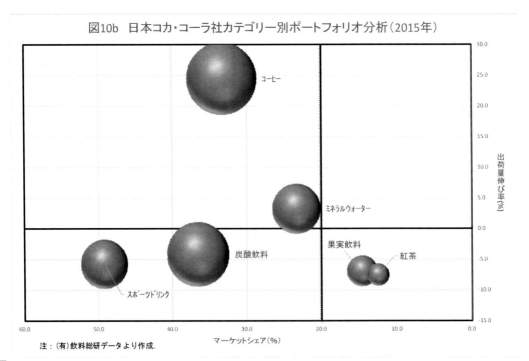

図10b　日本コカ・コーラ社カテゴリー別ポートフォリオ分析（2015年）

注：(有)飲料総研データより作成.

第 11 章

会 社 を 数 字 で 見 て み よ う（4）
— 損 益 分 岐 点 分 析 —

11−0．本章の概要

a)企業経営を行う上で、いくらの売り上げでトントンになるか、つまり損益分岐点を知ることは極めて重要な事項である（損益分岐点分析）。

b)損益分岐点分析に関連する指標に損益分岐点比率がある。企業が構造的に損失状態に陥りにくいかどうかを示す指標である。

c)本章の最終的な狙いは、損益分岐点比率を用いて、コンビニと家電メーカーの二つの業界のいずれが損失に陥りにくい構造を持っているか、またどの会社が損失に陥りにくいのかを検討することにある。まず下のような家電3社の、練習問題でコンビニの損益分岐点比率の水準・推移がわかるグラフを作成する。

図表11−0

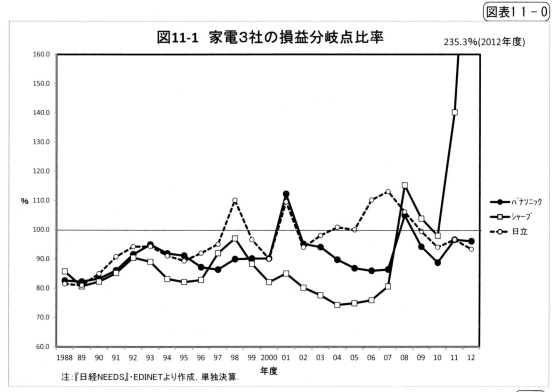

図11-1　家電3社の損益分岐点比率

注：『日経NEEDS』・EDINETより作成，単独決算．

１１－１．損益分岐点

11-1-1) 損益分岐点とは？

a) 企業の目的は利益をより多くの稼ぐことである。しかし、経営がうまくいかず損失を出してしまうこともある。

b) 企業を経営するうえで、あるいは新規に出店するなどの場面においては、いくらの売上高を達成できれば利益が出始めるのか、あるいは売上高がいくら以下なら損失が出るのかを知ることは極めて重要な事項である。いくらの売上高でトントンになるかを知ることは、経営を行う上でのメルクマール（基準）となる。

c) 損益分岐点とは、利益も損失も出ない損益ゼロの状態を意味する（トントンの状態）。そして、損益分岐点を達成する売上高のことを「損益分岐点売上高」という。企業はこの損益分岐点売上高を基準にして経営活動を行う。

11-1-2) 固定費と変動費

d) 費用の分類方法にはいくつかあるが、損益分岐点を検討する場合は、費用を固定費と変動費に分類する。

e) 固定費とは、売上高が増減に関係なく、一定額発生してしまう費用のこという。例えば、支払家賃や保険料、減価償却費などが固定費の典型例である。

f) 変動費とは、売上高の増減に比例して発生する費用のことをいう。例えば、材料費がその典型例である。

g) 売上高に占める変動費の割合のことを、**変動費率**という。

11-1-3) 損益分岐点売上高の公式

h) いくら売ればトントンになるかを意味する損益分岐点売上高は、下記の公式で計算される。

$$損益分岐点売上高 = \frac{固定費}{1 - 変動費率}$$

i) なぜこの公式で損益分岐点売上高（トントンになる売上高）が計算できるかを知りたい場合は、章末の【参考】を参照されたい。

11-1-4) 損益分岐点図表

j) 売上高、変動費、変動費率、固定費、損益分岐点を１枚の図表に表したものが次頁の損益分岐点図表である。この図表は損益分岐点に関連する事項を視覚的に理解しやすくする。

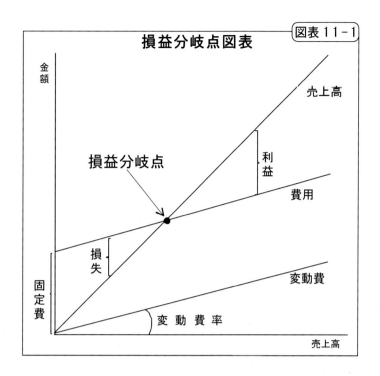

図表11-1

損益分岐点図表

金額

売上高

損益分岐点

利益

費用

損失

固定費

変動費

変動費率

売上高

１１－２．損益分岐点比率

11-2-1) 損益分岐点比率とは？

a) 損益分岐点比率とは、実際の売上高に対する損益分岐点売上高の割合を示すものであり、下記の公式で計算される。

$$損益分岐点比率 \ = \ \frac{損益分岐点売上高}{実際の売上高} \times 100\%$$

b) 月額の損益分岐点売上高が70万円の企業があったとする。その企業は70万円の売上高を基準に経営活動を行う。そして、経営努力の結果100万円の実際の売上高を確保できたとする。この場合の損益分岐点比率は70％になる（下表参照）。

損益分岐点売上高	700,000
実際の売上高	1,000,000
損益分岐点比率	70%

図表11-2

c) 損益分岐点比率は低ければ低いほど、利益を構造的に出しやすく損失状態になりにくいことを示す（低いほど良い）。逆に高いほど利益を構造的に出しにくく損失状態に陥りやすい企業ということになる。こういったことから、損益分岐点比率は損失への耐性を示す指標ということになる。

d) 損益分岐点比率は、一般に80％が目安とされている。また、景気が良い時は低くなり、景気が悪い時は高くなる傾向にある。

11-2-2) 安全余裕率

a) 損益分岐点比率に関連する指標に安全余裕率がある。

b) 安全余裕率は下記の公式で計算される。また、安全余裕率は、100%から損益分岐点比率を控除した値と一致する。

$$
安全余裕率 \ = \ \frac{実際の売上高 - 損益分岐点売上高}{実際の売上高} \times 100\%
$$

$$
= \ 100\% - 損益分岐点比率
$$

c) 安全余裕率とは、実際の売上高があと何%低下すれば損失状態に陥るかを示すものである。損益分岐点比率とは逆で、値が高ければ高いほど構造的に利益を出しやすいことを意味する。

11-2-3) 損益分岐点比率とリストラ

d) 企業は損益分岐点比率を低くするために次の2つの行動をとる。

(1) 単純に売上高を増やそうとする（現在の損益構造のもとで努力をする）

(2) 損益分岐点売上高を低くする（現在の損益構造そのものを改善する）

e) 損益分岐点比率を飛躍的に低くする方法は(2)である。そして(2)はバブル崩壊以降の日本でよく耳にするリストラを意味する。

f) リストラという言葉は「首切り」、「解雇」という意味合いで理解されることが多い。しかし、もともとはそういう意味の言葉ではない。

g) リストラのもともとの言葉はリストラクチャリング（restructuring）であり、**事業の再構築**を意味する。事業の再構築とは、不採算の部門の閉鎖を行ったり、それに伴って人員の整理を行うことをいう。リストラの目的とするところは、変動費率、固定費、損益分岐点売上高を低減し、利益が出やすい企業の構造を築くことにある。

１１－３．日本企業の損益分岐点比率《実習》

h) 損益分岐点比率は、低いほど損失状態に陥りにくいことを意味し、損失への耐性を示す指標である。

i) また、損益分岐点比率は景気が良い時は低くなり、景気が悪い時は高くなる傾向がある。

j) つまり、景気が悪い時でも損益分岐点比率の落ち込みが激しくない企業は本当の意味で損失への耐性がある企業といえる。逆に景気の良し悪しで損益分岐点比率が乱高下する企業ほど損失への耐性が低い企業ということになる。

乱高下…上がり下がりの変化がきわめて激しいこと。(コトバンク)

a) 以下では、日本を代表する家電メーカーであるパナソニック、シャープ、日立製作所の
損益分岐点比率の推移を見る。

11-3-1) 損益分岐点売上高の算出

① ファイル**11A.xlsx**を各自のフォルダにコピーしてから立ち上げ、K列以降を算出する。

b) 各第2行に計算式が示されている。N〜P列は、計算式を入力しやすくするための列。
なお、小文字の v は変動費、ダッシュが付いた v' は変動費率を示す。

c) S列までは、書式（マイナス表示、カンマ区切り、小数点桁数表示など）は調整しなくてよい。

② まず、B4セルをクリックし、表示のタブ→ウィンドウ枠の固定→ウィンドウ枠の固定
（p.75**図表9-3**参照）とする。

③ K4セルは、＝B4-E4-H4。最下行までコピー。

④ N4セルは、＝H4/B4。最下行までコピー。

⑤ Q4セルは、＝E4/(1-N4)。最下行までコピー。

11-3-2) 損益分岐点比率の算出とグラフ化

⑥ T4セルは、＝Q4/B4*100。小数点第1位まで表示する。そして最下行までコピー。★100
を掛けるのは、損益分岐点比率の単位を%にするため。

⑦ A列とT〜V列の3行目以下を範囲指定、挿入タブをクリックしてマーカー付折れ線グラフを「新しいシート」に作成する（p.48**図表6-2**参照）。

d) 縦軸目盛が0からだと、差異・変化がわかりにくい場合がある。また、シャープの2012
年度の値がとび抜けていて、**損益分岐点比率が100%を超えると「損失発生」**ということ
とが分かりにくくなっているので、ここでは次のようにする。

⑧ 最小値を60、最大値を160に変える（p.51⑤〜参照）。

⑨ タイトル、ラベル、注を、p.87の**図表11-0**のように記入する（注は、Sheet1のA15セル
と同じなのでp.6③〜の方法で操作する）。

⑩ 縦軸目盛線を消去する（p.18⑤参照）。

⑪ プロットエリアに枠線を付ける（p.83④参照）。

⑫ 書式タブの**図形の挿入**の**直線**を選び、p.87**図表11-0**のように、100%の目盛の所で水平線
を引く（p.18⑨〜参照）。

⑬ 2012年度のシャープの値を示すため、テキストボックスでp.87**図表11-0**のように記入する。

練習問題１１

①ファイル11Bを各自のフォルダにコピーしてから立ち上げ、ファイル11Aと同様の処理をする。ただし、縦軸目盛の最大値は１００、最小値はわかりやすいように決める。また、縦軸目盛は必ずしも削除しなくてよい。

②ワードファイル11章repにしたがってレポートを作成する。

【参考】損益分岐点売上高の公式

　　ここでは損益分岐点売上高の公式がどのようにして導き出されるのかを説明して

（A）販売個数を考慮する場合

　下記のような文字を使って損益分岐点販売個数、言い換えるならば損失も利益も生じない場合の販売個数の公式を求めてみる。

1個あたり販売価格＝p，1個当たり変動費＝v，固定費＝F，損益分岐点販売個数＝x

　まず、損益分岐点の状態では「売上高－費用＝０」であるから、次の式が得られる。

$$p x -（v x + F）＝0$$

　最終的に知りたいのは「何個売ればトントン(損益分岐点)になる？」ことなので、上式を左辺にxだけが残る$x＝$……の形に展開していけばよい。まず上式のカッコをはずして、

$$p x - v x - F ＝ 0$$　　次に、xが含まれる項だけを左辺に残して、

$$p x - v x ＝ F$$　　そしてxの項をまとめて、

$$x（p - v）＝ F$$　　最後に両辺を（$p - v$）で割って、

$$x ＝ F /（p - v）$$　　すなわち、

　　損益分岐点販売個数＝固定費／（1個当たり販売価額－1個当たり変動費）

　上の「1個当たり販売価額－1個当たり変動費」のことを「1個当たり限界利益」という。要するに、何個売れば損益分岐点になるかを知るには、固定費を1個当たり限界利益で割れば求めることができるのである。

（B）販売個数を考慮しない場合（損益分岐点売上高の公式）

　（A）の公式は販売個数を考慮したものであるが、これはあまり一般的なものでなく、使い勝手もよくない。「最終的に何個売るべきなのか」よりも「**最終的にいくら売るべきなのか**」の方が分かりやすいからである。

こういったことで以下損益分岐点の売上高の公式を下記の文字を用いて見ていくことにする。

　損益分岐点売上高＝S　，　変動費率＝v'　，　固定費＝F

　販売個数を考慮した場合と同様に、損益分岐点の状態では売上高－費用＝0であるから、下記の式が得られる。

　　S－（S v'＋F）＝0

　最終的に知りたいのは「いくら売れれば損益分岐点になる？」ということなので、上式を左辺にSだけが残るように展開していけばよい。まず上式のカッコをはずして、

　　S－S v'－F＝0　　　次に、Sが含まれる項だけを左辺に残して、

　　S－S v'＝F　　　そしてSの項をまとめて、

　　S（1－v'）＝F　　　最後に両辺を（1－v'）で割って、

　　S＝F／（1－v'）　すなわち、

　損益分岐点売上高＝固定費／（1－変動費率）

　損益分岐点売上高の公式は上記の流れで導き出されるのである。

　なお、「1－変動費率」のことを**限界利益率**ともいう。つまり、損益分岐点売上高は固定費を1から変動費率を控除した値か、あるいは限界利益率で除すると算出されるのである。

第 １ ２ 章

自動車をめぐるグローバル競争
── 販売量と値段の経営戦略 ──

１２－０．本章の概要

a) 最もグローバル化が進んでいるといわれる自動車産業の最近の動向を学び、国際市場の中で生き
　残りを賭けた激しい競争が現在進行形で続いていることを理解する。

b) 一人当たり売上高を、１人当たり生産数量と単価の２つに**要因分解**し、より深い考察
　を行う。

c) 世界の自動車メーカーについて、下のような**散布図**を描いて各社の特徴などを考察する。

図表１２－０

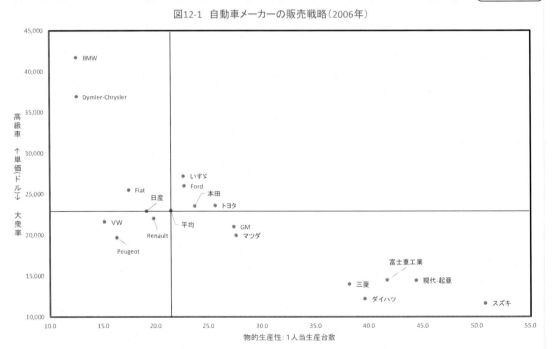

図12-1　自動車メーカーの販売戦略（2006年）

備考:『自動車年鑑2006－07年版』(日刊自動車新聞社・日本自動車会議所共編)及び各社有価証券報告書より作成.

１２－１．グローバル市場としての自動車産業

a) 自動車産業は、最もグローバル化している産業といわれる。それは、「国内販売」、「輸出」、「現地生産」、「技術供与（ライセンシング）」、「OEM（他社ブランドによる生産）」、「合弁」、「買収」などいくつもの経営戦略に関する手法があり、「部品」と「組立」の製造過程、そして「販売」が必ずしも同一の国で行われていないという事情があるからである。

b) 事実、国際市場と海外市場の中で生き残りを賭けた激しい国際的な競争が現在進行している。国ベースでみると20世紀に世界最大の自動車大国を誇ったアメリカは、今や中国市場に取って代わられ、企業ベースではアメリカ企業が次第に衰退して日本企業が伸び、やがて韓国、中国、インド企業が世界の中で活躍し始めている。

c) 本章では、激変する世界の自動車業界について、散布図を用いた要因分解を用いて考える。

１２－２．１人当たり売上高の要因分解

12-2-1)「１人当たり」の指標

d) 自動車産業は、各企業が生き残りを賭けたグローバル競争が激化している。ここではそれら企業を比較・分析にあたり、留意すべき点をあげる。

  (1) 各企業は、企業規模（＝総資産額、売上高や従業員数）が異なっている。

  (2) 自動車は、排気量660cc以下の軽自動車から3000ccを越える大型車までバラエティがあり、「ダイムラー（ベンツ）」などの高級ブランドで売っている自動車が存在する。

e) このような特徴を考えると各社を比較する場合、１人当たり売上高という経営効率指標が生き残りの条件として重要だと考えられる。以下、深めて考えてみよう。

12-2-2)生産数量の利用

f) １人当たり売上高とは、売上高を従業員数で除した（＝割った）ものであった。つまり、

    １人当たり売上高＝売上高Ｓ／従業員数Ｎ

g) ここで、生産数量Ｑ (quantity＝量) がわかれば、売上高Ｓを生産数量Ｑで除して製品１個当たり売上高（＝単価）がわかる。つまり、

    単価＝売上高Ｓ／生産数量Ｑ

h) さらに、生産数量Ｑを従業員数Ｎで除せば、一人当たり生産数量＝**物的生産性**がわかる。つまり、

    １人当たり生産数量（物的生産性）＝生産数量Ｑ／従業員数Ｎ

a) 以上の関係を整理すると、次のようになる。

$$\frac{S}{N} = \frac{S}{N} \times \frac{Q}{Q} = \underbrace{\left(\frac{S}{Q}\right)}_{\alpha} \times \underbrace{\left(\frac{Q}{N}\right)}_{\beta}$$

（Qの位置を変更）

$\frac{Q}{Q}=1$を掛けても値は変わらない

b) つまり、1人当たり売上高（S／N）は、単価（S／Q）と物的生産性（Q／N）とに分解でき、上記αとβの積となる。このことから、1人当たり売上高という経営効率を上げるためには2つの経営戦略があることがわかる。

c) **戦略1**：単価を上げる（価格効率性を上げる）方法。性能・品質を良くして価格を上げたり、高級ブランド・イメージを形成したりする戦略。

d) **戦略2**：生産性を上げる（物的生産効率性を上げる）方法。最新の設備を導入したり、作業の能率を向上させたりして、労働者1人当たりの生産台数を上昇させる戦略。

e) 以下では世界の自動車企業がどういう配置になっているかを実際のデータでみる。

12－3．要因分解と散布図《実習》

12-3-1）単価などの算出

① ファイル12A.xlsx を各自のフォルダにコピーしてから立ち上げる。

② 「合計」欄 B23、C23、D23 セルを ∑ オート SUM で算出する。

③ E列の一人当たり売上高を算出する。単位に注意（百万ドルではなく、ドル）。E5 セルは、＝C5/D5*1000000 。 （桁区切りスタイル）で整数表示にする。

④ F列の一人当たり生産台数を算出する。F5 セルは、＝B5/D5 。小数点第1位まで表示。

⑤ G列の一台当たり売上高（単価）を算出する。単位（百万ドルではなくドル）に注意。G5 セルは、＝C5/B5*1000000 。整数表示にして、23行までコピー。

12-3-2）一人当たり売上高で並べ替え

f) 次に、結果を従業員1人当たり売上高の大きい順（降順）に並べ替える。並べ替えの際、元のデータ（順序）は残しておくほうが良い。したがって、まず、シート「世界の自動車」をシート丸ごとコピーする（**シートのコピー**：p.40①参照）。

① 行番号 2 ～ 22 の上をドラッグし、行全体を範囲指定する。<u>「合計」の行は入れない。</u>

② ホームタブの右の方にある**並べ替えとフィルタ**で、ユーザー設定の並べ替えをクリックして、

③ **先頭行をデータの見出しとして使用する**にチェックを入れ、

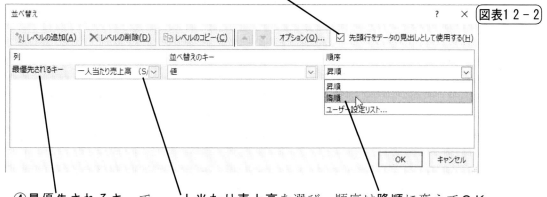

図表12-1

図表12-2

④ **最優先されるキー**で、**一人当たり売上高**を選び、順序は**降順**に変えて**ＯＫ**。

a) 韓国の「現代-起亜」グループが第1位であることがわかる。第2位は「いすゞ」、第3位は「トヨタ」である。

12-3-3) 散布図

b) 次に物的生産効率性（一人当たり生産台数）と価格効率性（1台当たり売上高：単価）で散布図を描く。

図表12-3

⑤ F5 ～ G23 セルを範囲指定し（**合計**も入れる）、挿入タブの**おすすめグラフ**の**散布図**のこれを選ぶ。

⑥ グラフを**新しいシート**に移動する（p.5 ③・④参照）。

⑦ 縦軸目盛線を消去する（p.18 ⑤参照）。同様にして、横軸目盛り線も消去する。

c) プロット（点）が混み入っているのを緩和するため、次のようにする。

⑧ 縦軸目盛の最小値を 10000 にする（p.51 ⑤～参照）。

⑨ 同様にして、横軸目盛の最小値を 10 にする。

⑩ p.94 **図表12-0** のようにグラフタイトル・ラベル・注（備考）を記入する。縦軸ラベルは垂直方向で、**高級車← 単価（ドル） →大衆車** とタイプする（このようにタイプして**縦書き**にすれば、矢印の向きが上下になる）。

⑪ 横軸ラベルは、**物的生産性：1人当生産台数**とする。

a) 備考の文字列は表のA24セルと同じで長いので、次のようにして下の余白を広げる。

① グラフ内にポインタを置いて（）クリックし、右図の
　ように、◯ の箇所にポインタを置いて上部へドラッグする。

b) 次に、どの会社がどの点なのかを示す。

② グラフ右上の**グラフ要素**の ───────

　　データラベルの右の ▶ をクリックして、

　　その他のオプションを選び、

　　ラベルオプションの

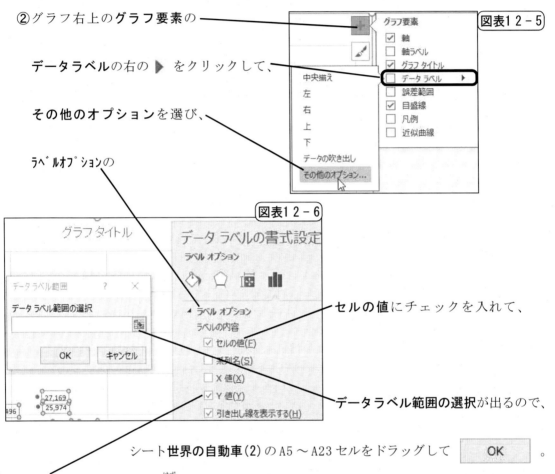

　　　　セルの値にチェックを入れて、

　　　　データラベル範囲の選択が出るので、

　　　　シート**世界の自動車(2)**のA5～A23セルをドラッグして ［ OK ］ 。

④ **Y値（Y）**のチェックを外す。会社名だけが残る。

⑤ **合計**の所で<u>2回クリック</u>してこのラベルのみを指定し、**平均**に書き換える。

c) そして、**平均**を境に水平線と垂直線を引く。その準備としてまず、

⑥ プロットエリアに枠を付ける（p.83④参照）。

⑦ 平均のX（横軸）の値は、シート**世界の自動車**のF23セルを見て、**21.5**であることを確認
　し、グラフでその点から上下に2本の垂線、左右に2本の水平線を引く（p.94**図表12-
　0**参照；線の引き方は、p.18⑨～参照）。

⑧ 最後に、会社名が重なっている箇所などを離す。その際、画面を拡大した方が作業しや
　すい（<u>コントロール・キーを押しながら</u>センターホイール・キーをころがす）。

練習問題12

①ファイル12Bを各自のフォルダーにコピーしてから立ち上げ、ファイル12Aと同様の処理をする。

②ファイル12Aと12Bの2つの散布図をワードに貼り付け、下記を参考にしながらレポートを作成、ワードファイルを提出する。冒頭に授業名、学籍番号、氏名を記入する。

a）ファイル12Aの結果を参照しながら、つまり、7年前と比較しながら執筆する。

b）散布図の4つの**ブロック毎**に把握したり、いくつかの**グループ**に分けたりして考察する。

c）企業の国籍や代表的な車種などをネットで調べる。

d）また、次のことも考慮しよう。p.96a）のαとβの積が「一人当たり売上高」と言うことは、散布図では各々のプロット（点）から垂直にそれぞれX　軸、Y　軸に向かって下ろした直線で囲まれた長方形の面積を意味する（下図参照）。

e）この長方形の面積が大きいほど経営効率の良い企業ということになる。または、原点(0,0)から各々のプロットまでの距離が大きいほど「一人当たり売上高」が大きいことを意味している。

f）そしてグローバル競争が激しさを増すと**規模の経済**（下記参照）が働き、原点(0,0)に近い企業ほど不利となり、脱落する可能性が大きいと考えられる。あるいは、再編が繰り返されるとも考えられる。

規模の経済

　企業規模が大きくなると、生産物の単位当たりのコストが次第に小さくなる（逓減する）ことをいう。

　たとえば工場規模が大きくなると、資本設備等が高度化され、次第に労働力の質の向上が図られることによって効率がよくなる。

　また、企業がグローバル化すると、部品供給・組み立て製造、販売などのサプライチェーンを最適な国で行うことによりコストが下がる。企業の提携・合併なども「規模の経済」を追及する企業の行動といわれている。

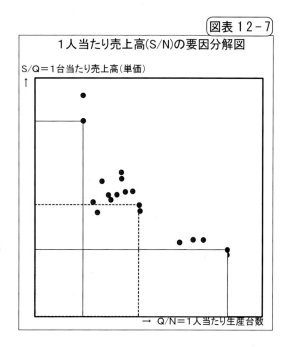

図表12-7

1人当たり売上高(S/N)の要因分解図

S/Q＝1台当たり売上高（単価）

→ Q/N＝1人当たり生産台数

第 13 章

会社を数字で見てみよう（4）
── ROA の要因分解と総資産 ──

13－0. 本章の概要

a) 本章は、乗用車メーカー8社のデータを用いて、「ビジネスデータ」の代表とも言うべき財務指標と要因分解の復習をする。回転率と「図としてコピー」など新たな事項も含まれる。

b) まず、回転率と言う指標を利用してROAを要因分解し、並び替えをした上で下図のような「表入り」のバブルチャートを作成する。

c) 練習問題では、2005～2011年度の各種財務指標の経年変化を見た上で、リーマンショック以降の2009～2011年度について同様のバブルチャートを作成する。そして<u>リーマンショックをはさんで乗用車メーカー8社の経営状態がどのように変化したか</u>等について考察する。

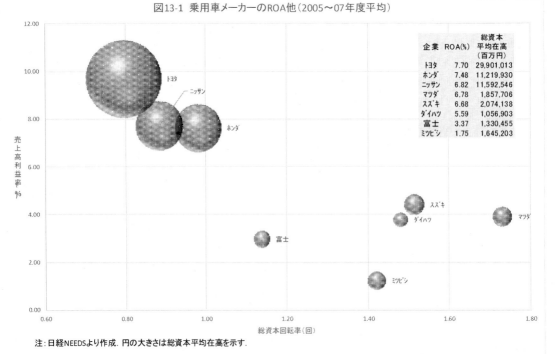

図13-1 乗用車メーカーのROA他（2005～07年度平均）

企業	ROA(%)	総資本平均在高（百万円）
トヨタ	7.70	29,901,013
ホンダ	7.48	11,219,930
ニッサン	6.82	11,592,546
マツダ	6.78	1,857,706
スズキ	6.68	2,074,138
ダイハツ	5.59	1,056,903
富士	3.37	1,330,455
ミツビシ	1.75	1,645,203

注：日経NEEDSより作成. 円の大きさは総資本平均在高を示す.

１３－１．総資本回転率とROAの要因分解

13-1-1）総資本回転率

a）回転率とは、企業の資本（資産）などが一定期間にどのくらい活動したかをみる指標である。回転率には利益率と同様、様々なものがあるが、その中で<u>総資本回転率は、企業活動の活発度を総合的に示すものとしてよく用いられる。</u>

b）これは次のように定義される。**総資本回転率＝売上高÷総資本平均在高**。つまり一定期間、例えば１年間に総資本（総資産）が何回転したかを示す数値である。単位は「回」で、小数点第２位まで示すのが適当である。

c）上の式の分母は「平均在高」にする。通常、一定期間内に資産額は変化するので、<u>平均的にどれくらいの額があり</u>、それを用いてどれだけの売上をあげたのか（何回転したのか）、をみるのである（p.74d）参照）。

13-1-2）ROAの要因分解

d）この総資本回転率を用いれば、９章（p.74～）で学んだROA（総資本利益率）を、12章（p.94～）で学んだ要因分解を使って、２つの財務指標に分解できる。

e）売上高を**S**（sales）、総資本（平均在高）を**A**（assets）、利益額を**P**（profit）と書くと、まず、

ROA＝P／A （利益を総資本で割る）

f）この式を次のように変形する。

$$\frac{P}{A}=\frac{P}{A}\times\frac{S}{S}=\underbrace{\left(\frac{S}{A}\right)}_{\alpha}\times\underbrace{\left(\frac{P}{S}\right)}_{\beta} \longleftarrow Sの位置を変更$$

$$\frac{S}{S}=1を掛けても値は変わらない$$

g）ここでαは、上の**b**）でみたように、**総資本回転率＝S／A**である。

h）またβは、６章で学んだように、**売上高利益率＝P／S**である（利益を売上で割る）。

i）つまり、<u>ROA（総資本利益率）は、総資本回転率と売上高利益率の積に分解できる。</u>

j）以下では、２００８年のリーマンショックをはさんで、日本の乗用車メーカー８社の財務状況がどのように変わったかなどについて検討する。まず、リーマンショック前の３か年について計算・グラフ化し、続いて、それ以降および全期間（2005～2011年度の７年間）を見渡せるものを作成した上で、レポート作成に取り組む。

13－2．乗用車メーカー8社の財務指標の算出《実習》

13-2-1) average関数

a) ここでは、2005～2007年度の各年度と3ヵ年度平均の各種財務指標を算出する。

① **ファイル13A**を各自のフォルダにコピーしてから立ち上げる。

b) このファイルには乗用車メーカー8社の売上高、経常利益、総資本額がシート別に収められている（データは日経NEEDSより）。まず3ヵ年度平均値を求める。平均値を求める場合、SUM関数に次いで基本的な**average関数**を用いるのが便利である。

② シート**売上**のB6セルは、= average (B3:B5)。セル範囲はドラッグで指定する。I列までコピー。シート**経常利益**についても同様。

c) シート**総資本**では、まず各年度の値（第8～10行）を求める。例えば2005年度の平均在高は、2004年度の値（年度末）と2005年度の値（年度末）の平均である。B/S（バランスシート）に記載されている値は、全て年度末の値である。

③ シート**総資本**のB8セルは、= average (B3:B4)。I列までコピーし、続けて第10行までコピー。第11行は、= average (B8:B10)。I列までコピー。

13-2-2) ROA他の算出、シートを跨いだ計算

d) 次に前節で述べた3つの財務指標を算出する。このとき、シートを跨（また）いで計算する。

④ シート**ROA**のB3セルに、まず ＝ を入力し、シート**経常利益**のB3セルをクリック。続いて ／（スラッシュ）をタイプし、シート**総資本**のB8セルをクリックして、***100**とタイプ。

e) このとき数式バーは、＝経常利益!B3/総資本!B8*100 のようになっている。ここで、！（エスクラメーション）は、「その前のシート名の」と言う意味である。つまり、**経常利益!B3**は、シート**経常利益**のB3セルを示す。

⑤ エンターをたたいて入力完了。そして小数点第2位まで表示して、I6セルまでコピー。

⑥ シート**売上高利益率**のB3セルは、上と同様にして、＝経常利益!B3/売上!B3*100。小数点第2位まで表示してI6セルまでコピー。

⑦ シート**回転率**のB3セルは、＝売上!B3/総資本!B8。小数点第2位まで表示してI6セルまでコピー。

13－3．バブルチャートによる財務指標の表示《実習》

13-3-1) バブルチャート作成の準備

f) さて、上の3つの財務指標が同じシートに一覧で示されたとしても、対象が8社あると見づらいであろう。以下では、第10章（コカ・コーラ社の出荷データ）で利用したバブルチャートおよび**図としてコピー**という機能によって、p.100のような図表を作成する。まず、バブルチャート作成の準備をする。

⑧ シート**指標総括**を確認してから、シート**回転率**のB6～I6セルを範囲指定して「コピー」。

①シート**指標総括**のB4セルで<u>右</u>クリックし、**形式を選択して貼り付け**を選んで、

②**値と行列を入れ替える**にチェックを入れて、**ＯＫ**。なお、小数点など数値の表示形式はそのままでよい。

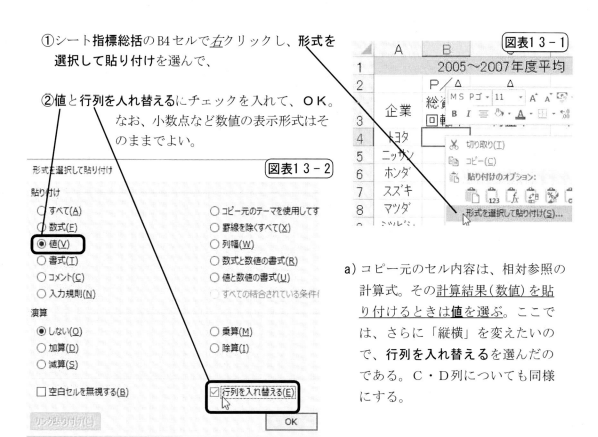

図表１３－１

図表１３－２

a) コピー元のセル内容は、相対参照の計算式。その<u>計算結果（数値）を貼り付けるときは値を選ぶ</u>。ここでは、さらに「縦横」を変えたいので、**行列を入れ替える**を選んだのである。Ｃ・Ｄ列についても同様にする。

③シート**売上高利益率**のB6 ～ I6 セルを範囲指定して「コピー」。シート**指標総括**のC4 セルで<u>右</u>クリックして上と同様にする。

④シート**総資本**のB11 ～ I11 セルを範囲指定して「コピー」。シート**指標総括**のD4 セルで<u>右</u>クリックして上と同様にする。以上の結果は右図参照。

⑤右図のようにB4 ～ C11 を範囲指定して で小数点第２位まで表示する。

⑥D4 ～ D11 は ， で整数表示にする。

b) 以上でバブルチャート（**横軸＝B列の総資本回転率、縦軸＝C列の売上高利益率、円の大きさ＝D列の総資本平均在高**）作成の準備完了。ここでp. 100 の図のように、バブルチャート上に<u>ROAと総資本平均在高の大きさを示した表を貼り付ける準備もしておく。</u>

図表１３－３

	A	B	C	D
1		2005～2007年度平均		
2		P／A	A	S／A
3	企業	総資本回転率	売上高利益率	総資本平均在高
4	トヨタ	0.7946	9.69087569	29901013.2
5	ニッサン	0.8834	7.72538091	11592545.5
6	ホンダ	0.9803	7.63263013	11219929.8
7	スズキ	1.5127	4.41334598	2074138
8	マツダ	1.7303	3.91662554	1857705.67
9	ミツビシ	1.4193	1.23472528	1645203.33
10	ダイハツ	1.4784	3.77861372	1056902.5
11	富士	1.1383	2.95849197	1330454.83

⑦シート**ROA**のB6 ～ I6 セルを範囲指定して「コピー」。シート**指標総括**のB15 セルで<u>右</u>クリックし、上の①・②と同様に貼り付ける。そして小数点第２位まで表示。

⑧シート**指標総括**のD4 ～ 11 セルを、C15 ～ 22 セルに単純に貼り付ける。

13-3-2) バブルチャートの作成

① B4 ～ D11 セルを範囲指定して、**挿入タブ→すべてのグラフ→散布図→3-D 効果付き バブル**とクリック（p.82 **図表10-9** 参照）。

②新しいシートにグラフを移動する（p.5③・④参照）。

③横軸目盛数値の任意の所にポインタを置き、 横（値）軸 が現れたらダブルクリック。

④軸のオプションで、最小値を0.6、最大値を1.8にする（p.83 **図表10-11** 参照）。

a）最小値は0.79（一番左の円にポインタを合わせるとわかる）、最大値は1.73 であるが、「円」が大きい場合、余裕をとるのが無難である。

⑤縦軸目盛についても同様にして、最小値を0にする。

b）次に、会社名の表示。

⑥ p.84 **図表10-16・17** と同様にする。データラベル範囲は、シート**指標総括**のA4～A11セル。

⑦タイトルは、**図13-1　乗用車メーカーのROA他（2005～07年度平均）** と記入

⑧主横軸ラベルは、**総資本回転率（回）** と記入（p.5 **図表1-17** 参照）。

⑨主縦軸ラベルは、「垂直」で**売上高利益率（%）** と記入（p.6①・②参照）。

⑩注は、グラフを少し上に縮めてグラフ下部に余白を作ってから（p.98①参照）、**注：日経NEEDSより作成．円の大きさは総資本平均在高を示す．** と記入。

13-3-3) ROA と総資産額の表の貼り付け：「図としてコピー」の利用

c）以上で、利益率と回転率が相対的に高い会社がわかる。また12章と同様、原点から離れているものほど望ましいということから、いくつかのことを指摘できる。

d）しかし、円の大きさ（2005～2007年度各年度の総資産平均在高の平均値）については、より具体的に表示されている方が規模の違いがよくわかるし、横軸と縦軸の積であるROAの値も表示されているのが望ましい。

e）そこで、先に準備しておいたシート**指標総括**の第14行以下の表を使う。まず、ROA を大きい順に並べ変えてROAの優劣がひと目でわかるようにしておく。

⑪シート**指標総括**の第14～22行の行番号上をドラッグして、「並べ替えとフィルター」の「ユーザー設定の並べ替え」でクリック（p.97 **図表12-1** 参照）。

⑫「先頭行データの見出しとして使用」にチェックを入れて、「最優先されるキー」では**ROA（%）** を選び、「順序」を「降順」にして **ＯＫ**（p.97 **図表12-2** 参照）。

a）この表部分をバブルチャートに貼り付ける。しかし通常の貼り付け方では貼り付かないので、**図としてコピー**と言う機能を用いる。ただ、目盛線があるためこのままでは見づらくなるので、次の作業をしておく。

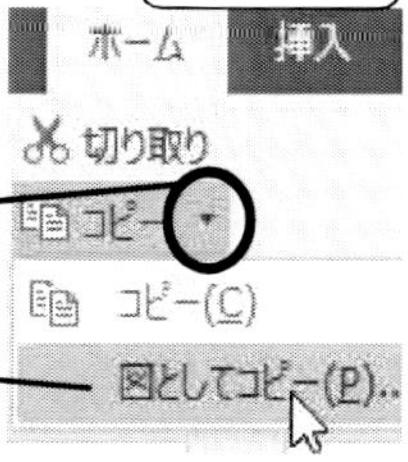

③A14〜C22セルをドラッグして、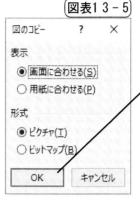（ホームタブのフォントの「塗りつぶしの色」）で白または薄めの色を選ぶ。

④続けて右図のように、ホームタブの**コピー**の▼をクリックし、**図としてコピー**する。

図表13-4

図表13-5

⑤**図表13-5**のようなものが出るが、ＯＫ（またはエンター・キーをたたく）。

⑥グラフ画面でプロットエリアを選んでおいて、「貼り付け」。そして適当な場所にドラッグで移動する。

13-3-4）読図

b）この図から、2008年9月のリーマンショック前の3年度間（2005年4月〜2008年3月）の日本の乗用車メーカー8社のROAなどがわかる。それをまとめると、およそ次のようになろう。

c）まず、総資産額（円の大きさ）でトヨタ・ニッサン・ホンダと他の5社に2つに区分できる。前者をビッグ3と言うことにすると、これは回転率（横軸）は低いが、売上が他の5社より格段に大きい（シート**売上**の第6行で一目瞭然）上に、売上高利益率（縦軸）も高い。

d）特にトヨタは、総資産も圧倒的に多く、ニッサン・ホンダの3倍、スズキの15倍、ダイハツの30倍もある中で、売上高利益率が最高（9.69%）である。その結果、ROAも7.7%で8社中最高である。

e）ホンダはトヨタほどではないが、売上高利益率が高く、回転率はビッグ3の中では最も高く、ROAはトヨタに近い。ニッサンは（バブルチャートではホンダと大差ないように見えるが）、ビッグ3ではROAはやや低めである。

f）これらに対して他の5社は、総資産が少なく、売上高利益率も低い。しかし、マツダは8社中、最高の回転率（1.73回）で、ROAは3位のニッサンと大差ない。スズキも回転率はやや落ちるが、マツダと同様である。軽自動車生産という点でスズキと同様のダイハツが、これらに次いでいる。

g）しかし、富士は回転率・売上高利益率とも他の5社の中で低く、ミツビシに至っては、売上高利益率の低さゆえにROAがすこぶる低い。

練習問題１３

a) ここでは、2011年度までのデータを加工処理し、リーマンショック前後で乗用車メーカーにどのような変化があったかなどについて考察したレポートを仕上げる。

① ファイル13Bを各自のフォルダにコピーしてから立ち上げる。まず、シート**売上**、シート**経常利益**、シート**総資本**の空欄を average **関数**で算出。

② 次に、シート**ROA**、シート**売上高利益率**、シート**回転率**の空欄を算出 (p. 102 ④〜⑦参照)。

b) ここで、2009〜2011年度平均のバブルチャートを作成する前に、2005〜2011年度の財務比率の年度別変化がわかるグラフを作成しておく。

③ シート**ROA**、シート**売上高利益率**、シート**回転率**のそれぞれについて、A2〜I9セルで**折れ線グラフ**を作成。シート上のオブジェクトのままでよい。タイトル等は不要。ただ、右のボタンを使うべき場合がある。また、見やすくなるよう、**目盛の最小値**などを適当に**変更**する。横軸ラベルの位置変更は、p. 52 ②・③参照。

c) 3つのグラフについて、それぞれ特徴的なことを確認して（レポート執筆の材料になる）、バブルチャート作成作業に入る。

④ p. 102 ⑧以降と同様にして、2009〜2011年度平均のバブルチャートを新しいシートに作る。タイトルは、**図13-2　乗用車メーカーのROA他（2009〜11年度平均）**、軸ラベル、注はファイル13Aのグラフと同じ。**図としてコピー**した表を貼り付ける位置は、プロットエリアの「空いている所」でよい。

⑤ ＭＳワードを立ち上げ、授業名、学籍番号、氏名を記す。そして２つのバブルチャートを貼り付けながら、文章を書き始める。必要なら折れ線グラフも貼り付ける。

⑥ その際、売上高などのシートの値も考慮する（**企業規模による違い**などがわかる）。**提出物**は、このワードファイルと、本日作成したエクセルファイルの**２つ**。

第 １ ４ 章
データ と データ の 関 係
― 相 関 と 相 関 係 数 ―

１４－０． 本章の概要

a) 今まで売上高などのいくつかのデータと、それらから求められる指標などとその水準・動向を扱ってきた。本章では、データとデータの関係について考える。

b) その際、有効な分析概念が**相関**である。まず、**相関**および**相関係数**という概念を学ぶ。

c) そしてエクセルの分析ツールを用いて**相関係数**を求め、データとデータの関係を数量的に検討する。また、前章で描いた散布図で視覚的に検討する。

d) このとき作成する図表は下のようなものである。

図表１４－０

表1　医薬品産業の費用と売上高（2008年度、単位：百万円）　　　　　「分析ツール」による相関係数

番号	会社名	宣伝広告費	研究開発費	人件費	売上高
1	協和発酵キリン	935	35,024	27,486	188,150
2	日本ケミファ	278	1,483	3,905	21,490
3	武田薬品工業	15,778	252,047	40,017	874,079
4	アステラス製薬	9,715	121,401	55,458	636,277
5	塩野義製薬	4,703	36,033	22,997	206,753
6	田辺三菱製薬	3,256	47,815	56,452	367,660
7	わかもと製薬	415	1,013	2,226	10,040
8	あすか製薬	504	3,932	6,987	30,220
9	中外製薬	37	44,622	40,012	311,510
10	科研製薬	709	7,696	11,486	81,070
11	エーザイ	8,187	143,038	32,951	415,611
12	森下仁丹	678	413	809	7,739
13	ロート製薬	10,456	3,127	4,984	70,946
14	久光製薬	8,613	8,730	5,693	118,142
15	持田製薬	2,877	8,672	9,915	70,948
16	大正製薬	13,759	27,253	15,562	198,856
17	エスエス製薬	5,306	1,693	7,296	41,656
18	ツムラ	1,317	3,848	16,220	84,674
19	ビオフェルミ	2,450	291	409	8,539
20	扶桑薬品工業	209	2,694	4,576	45,860
21	日医工	347	1,382	3,481	40,132

「分析ツール」による相関係数

	宣伝広告費	研究開発費	人件費	売上高
宣伝広告費	1			
研究開発費	0.518383862	1		
人件費	0.32383659	0.7579053	1	
売上高	0.576631646	0.95560437	0.8747155	

研究開発費と売上高

１４－１．散布図と相関

14-1-1) ２系列のデータ

a) いま、**図表14-1**のような10名の収入・支出の**２系列のデータ**があったとしよう。一般的に言って、収入が多い人は支出も多い。この関係を視覚的に確かめるには、前章で学んだ散布図を描いてみるのが適当である。

b) **図表14-1**を散布図で示した**図表14-2**によれば、各点はグラフの左下から右上の方に散らばっており、たしかに収入が多いと支出も多いことがわかる。

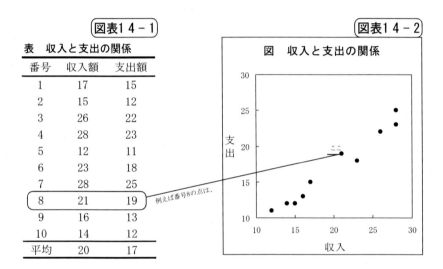

図表１４－１

表　収入と支出の関係

番号	収入額	支出額
1	17	15
2	15	12
3	26	22
4	28	23
5	12	11
6	23	18
7	28	25
8	21	19
9	16	13
10	14	12
平均	20	17

図表１４－２

図　収入と支出の関係

例えば番号8の点は、

14-1-2) 相関

c) このように、一方が増えるにつれて他方も増える関係を、**正の相関**と言う。そしてこのような散布図を**相関図**とも言う。

d) 逆に、下の**図表14-3**の相関図に見られるように、一方が増えるにつれて他方が減る関係を、**負の相関**と言う。また、**図表14-4**のように無秩序的に散らばっている場合は、相関がない、または**無相関**であると言う。

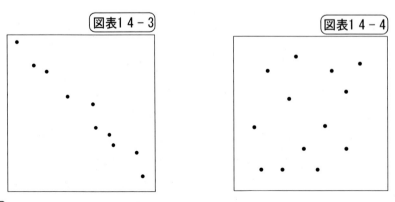

図表１４－３

図表１４－４

１４－２．相関の強さ

14-2-1) 相関の視覚的把握

a) このように散布図を描けば、正の相関、負の相関、無相関を視覚的に把握できるが、同じく正の相関がある場合でも下図のような場合、どのように解釈したらよいだろうか。

b) **図表 14-5a** のような分布なら、各点はある右上がりの（一方が増えれば他方も増える）直線上にだいたい並んでおり、正の相関が強い、と言える。

c) 他方、**図表 14-5b** の分布も正の相関がありそうに見え、これらの点も、ある右上がりの直線付近に並んでいる、と言える。

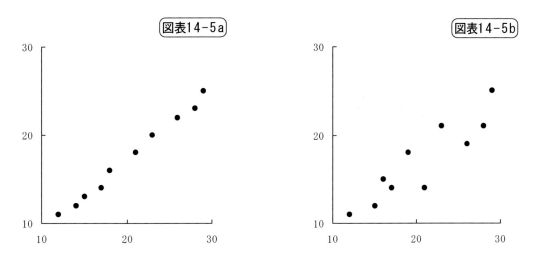

| 図表14-5a | 図表14-5b |

14-2-2) 相関の数量的把握の糸口

d) しかし**図表 14-5a** の方が正の相関が強そうである。それを数量的に確かめるために、次のような処理をする。

e) 10 個の点の x 座標、y 座標の平均を求める（右図第 12 行）。

f) 各点の x 座標、y 座標の平均との差を求める（B16 〜 C25 セル）。

g) B16 〜 C25 セル部分で散布図を描く。

| 図表14－6 |

	A	B	C
1	番号	×	y
2	1	18	16
3	2	15	13
4	3	26	22
5	4	28	23
6	5	12	11
7	6	23	20
8	7	29	25
9	8	21	18
10	9	17	14
11	10	14	12
12	平均	20.3	17.4
13			
14	平均との差		
15	番号	×'	y'
16	1	-2.3	-1.4
17	2	-5.3	-4.4
18	3	5.7	4.6
19	4	7.7	5.6
20	5	-8.3	-6.4
21	6	2.7	2.6
22	7	8.7	7.6
23	8	0.7	0.6
24	9	-3.3	-3.4
25	10	-6.3	-5.4

a) そしてできる散布図は下の**図表14-7a**のようになる。**図表14-5b**についても同様にして**図表14-7b**を得る。

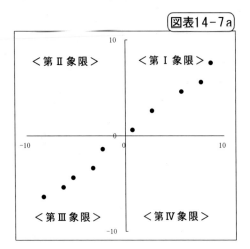

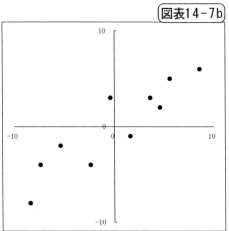

b) 上の2つの散布図を見ると、**図表14-7a**は第Ⅰ象限と第Ⅲ象限だけプロットされており、**図表14-5b**は、第Ⅱ象限および第Ⅳ象限にもある。

c) ここで、横軸の座標の値（x）と縦軸の座標の値（y）の積xyは、第Ⅰ象限と第Ⅲ象限ではプラス、第Ⅱ象限と第Ⅳ象限ではマイナスであるから、各点のxy合計は、**図表14-7a**のような場合の方が大きくなるだろう（実際、**a**の場合が268、**b**の場合が214である）。

d) 以上のことから、**各点からの、xの平均およびyの平均との差の積を合計したもの**が大きいほど正の相関関係が強い、と数量的に表現できる。

e) しかし、サンプル（点）の数が異なるデータを比較する場合、データ数が多いものほど積の合計は大きくなりがちである。

f) そこで、1サンプル当たりの平均を計算する。この統計量を共分散と言う。

g) しかし、サンプル数が同じでも単位が異なれば共分散の値は大きく違ってくる（例えば1千万円を百万円単位で示すと10、万円単位で示すと1,000になる）。

h) このような影響を除去するため、共分散をx、yそれぞれの標準偏差と言う統計量で除する（割る）。

i) その結果得られる統計量が**相関係数**である。

j) 相関係数は－1以上＋1以下の範囲にあることが数学的に証明できる。そして、右表に示した判断基準がある。

k) 次ページの**図表14-9a～d**は、散布図と相関係数の関係を図解例示したものである。

図表14-8	
r＝1.0	正の完全相関
0.7≦r＜1.0	正の強い相関
0.5≦r＜0.7	正の弱い相関
0.0≦r＜0.5	無相関
r＝－1.0	負の完全相関
－0.7≧r＞－1.0	負の強い相関
－0.5≧r＞－0.7	負の弱い相関
0.0≧r＞－0.5	無相関

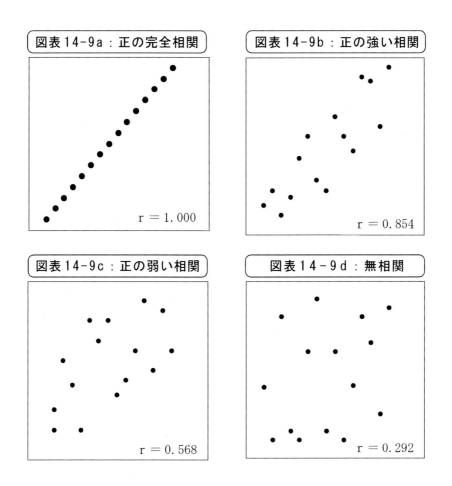

図表14-9a：正の完全相関

r = 1.000

図表14-9b：正の強い相関

r = 0.854

図表14-9c：正の弱い相関

r = 0.568

図表14-9d：無相関

r = 0.292

１４－３．相関係数の算出と相関図《実習》

14-3-1) 複数系列と相関

①ファイル**14A.xlsx**を自分のフォルダにコピーしてから立ち上げる。

a) シート見出し**医薬品**のデータは、日本の主要な医薬品企業である。これらは売上高を伸ばすために宣伝広告や研究開発を行っていると考えられるが、売上高とどれくらい関係しているかを見るために相関係数を求める。また、人件費も売上高に関係しているのかどうかを相関係数を求めて調べる。

14-3-2) 分析ツール

b) エクセルには、相関係数を算出するCORREL関数がある。この医薬品のデータでは、例えば宣伝広告費と売上高の相関係数は、＝CORREL(C3:C33, F3:F33) で求められる。他の費目と売上高についても同様である。

c) しかし、宣伝広告費（Ｃ列）、研究開発費（Ｄ列）、人件費（Ｅ列）それぞれと、売上高（Ｆ列）の相関係数をいちいち算出する手間を省くことが出来る**分析ツール**を用いるのが便利である。ただし、分析ツールを利用するためには、まずこれを組み込む必要がある。

①画面左上のファイル・タブをクリックし、**オプション**でクリック。

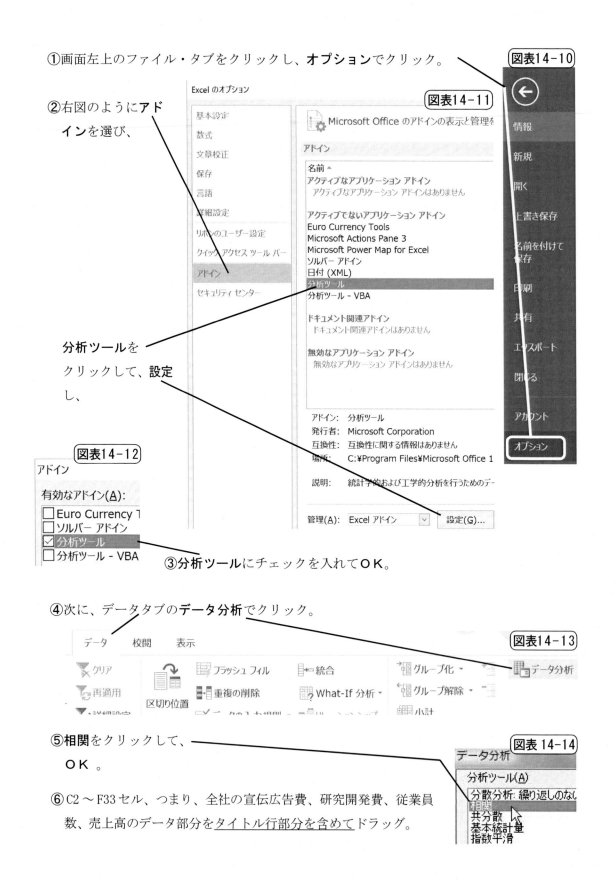

②右図のように**アド
インを選び、**

分析ツールを
クリックして、**設定
し、**

③**分析ツール**にチェックを入れてＯＫ。

④次に、データタブの**データ分析**でクリック。

⑤**相関**をクリックして、
ＯＫ。

⑥C2〜F33セル、つまり、全社の宣伝広告費、研究開発費、従業員
数、売上高のデータ部分を<u>タイトル行部分を含めて</u>ドラッグ。

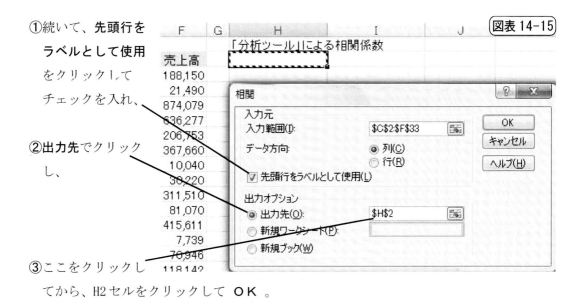

①続いて、**先頭行を
ラベルとして使用**
をクリックして
チェックを入れ、

②**出力先**でクリック
し、

③ここをクリックし

てから、H2セルをクリックして **OK**。

a) 研究開発費と売上高の相関係数が高く、この業界の特徴が表れている、と言えそうである。
（広告宣伝費との相関係数が高くないのは、一般消費者を対象としていない企業が相当数あ
ることが一因と思われる。）

14-3-3) 相関図（散布図）

b) しかし、相関係数が高くても（大きくても）、あるいは逆に低くても（小さくても）、注意
が必要である。前者の高い場合は後述するとして、低い場合、2系列間に、例えば2次関
数の関係に近いものがあるかもしれないからである。

c) そこで、売上高と、宣伝広告費・研究開発費・人件費それぞれについての相関図を描く。

④まず宣伝広告費について。C3〜33セルとF3〜33セルをドラッグし、挿入リボンで「散布
図」を選ぶ（p. 97 **図表12-3**参照）。

⑤シート上のオブジェクトとして適当な位置・大きさにする。凡例は削除する（**凡例**の上で
クリックし、デリート・キーをたたく）。

⑥タイトルを **宣伝広告費と売上高** とする。

⑦研究開発費・人件費についても同様にする。つまり、D列とF列およびE列とF列のそれ
ぞれ第3〜33行のセルを範囲指定して作図する。タイトルは、それぞれ、**研究開発費と売
上高、人件費と売上高**。軸目盛の単位は不要。

d) 以上の結果、例えば2次曲線のような特別な関係がありそうなものはなさそうである。そ
して、相関係数が一番小さい宣伝広告費の図が最も「散乱」的に見える。

e) なお、より正確・詳細には、売上高の規模でグループ分けをしたものも検討すべきである
（ただし、その結果、1グループがわずか数社、となるのは不適当である）。

14-3-4) 相関係数の注意点

a) 以上で相関係数と２者の「関係」について知見が深まっただろう。しかし注意すべきは、相関係数が高くても、必ずしも両者に因果関係があるとは言えないことである。

b) つまり、相関関係と因果関係は別である点に注意する必要がある。「AとBの間に相関がある」ことと、「Aを原因としてBが起こる」ことを同一視してはならない。

c) 例えば収入と血糖値（あるいは血圧）の相関係数が高いとしても、それは、年齢と言う変数を介しての結果であろう（これを**見せかけの相関**と言う）。つまり、**年齢↑→収入↑**と、**年齢↑→血圧↑**ゆえに、**収入↑→血圧↑**の「関係」が生じたと考えられるのである。

d) ビジネスデータについて算出した相関係数は、この点や企業風土・商慣習およびより広い社会経済文化的要因を十分に考慮して扱わなければならない。

練習問題１４

e) シート見出し**食品２期**は、リーマン・ショックの影響が考えられる2008年度と、バブル経済絶頂期の1990年度のデータである。この性格が異なる２時期について検討しよう。対象企業は上場企業のうち、両年度とも４系列のデータが得られた企業57社である。

① 前ページまでと同様にして**「分析ツール」による相関係数**を、2008年度についてはL3セルを「出力先」に、1990年度についてはL9セルを「出力先」にして表示（算出）する。

f) いずれの費目も2008年度は1990年度より相関係数が落ちていることがわかる。特に、一般消費者になじみが深い企業の広告宣伝費と売上高の相関係数が、2008年度はさほど高くない点が意外とも言えよう。そこで、次のようにする。

② 2008年度の広告宣伝費と売上高について相関図を作成する。つまり、C列・F列のそれぞれ第4〜60行を範囲指定して「散布図」をシート上に作成する。タイトルは、**宣伝広告費と売上高（2008年度）**、凡例は削除。軸目盛の単位は不要。

g) すると、縦軸目盛方向で突出している点が１つある。これは、元は日本専売公社である日本たばこ産業（第58行）である。食品企業と言っても特殊なこの会社の存在ゆえ、以上のような結果になったとも考えられる。そこで、この１社を除いて検討する。

③ シート見出し**食品２期**をシートごとコピーする（p.26①参照）。

④ 第58行を削除する。

57	54	四国コカ・ニ
58➡	55	日本たばこ
59	56	米久

のように、行番号58の上にポインタを置いて右クリックし、「削除」。グラフも削除する（グラフをクリックしてデリート）。

⑤ 前ページまでと同様にして相関係数を「出力」する。L3セル、L9セルを出力先として「上書き」すれば良い。

⑥ 上の②と同様、「散布図」をシート上に作成する。

⑦ シート**食品２期(2)**の適当な場所にテキストボックスを使って箇条書きで、以上のことからわかること、想像できることを記す。そしてこのエクセル・ファイルを提出する。

【参考】p. 109d) 〜 p. 110i) を数式を用いて説明すると以下のようになる。

a) 各点から x の平均（$\bar{x}$）および y の平均（$\bar{y}$）との差 $(x_i - \bar{x})(y_i - \bar{y})$ の合計、つまり、$\displaystyle\sum_{i=1}^{n}(x_i - \bar{x})(y_i - \bar{y})$ が大きいほど正の相関関係が強い。

b) しかし、データ数が多いものほど積の和 $\displaystyle\sum_{i=1}^{n}(x_i - \bar{x})(y_i - \bar{y})$ は大きくなりがちである。

c) そこで、1サンプル当たりの平均、つまり、$\displaystyle\frac{1}{n}\sum_{i=1}^{n}(x_i - \bar{x})(y_i - \bar{y})$ を計算する。

d) これを**共分散**と言い、S_{xy} と表記することがある。

e) しかし、サンプル数が同じでも単位が異なれば共分散の値は大きく違ってくる。このような影響を除去するため、それぞれの標準偏差を用いて処理する。

f) 標準偏差とは、<u>データのバラツキ度合いを数値で捉えたもの</u>で、各データの平均との差の2乗 $(x_i - \bar{x})^2$ の合計 $\displaystyle\sum_{i=1}^{n}(x_i - \bar{x})^2$ をデータ数で除した値 $\displaystyle\frac{1}{n}\sum_{i=1}^{n}(x_i - \bar{x})^2$ の平方根 $\displaystyle\sqrt{\frac{1}{n}\sum_{i=1}^{n}(x_i - \bar{x})^2}$ である。

g) 標準偏差は x では S_x、y の場合は S_y と表記することがある。

h) そしてこの標準偏差を使えば、単位の違いを解消できる。各[平均との差]をこの標準偏差で除すと、単位の違いが除去される。

i) そこで**共分散**に戻り、x、y それぞれについて標準偏差で除すと、$\displaystyle\frac{1}{n}\sum_{i=1}^{n}\left(\frac{x_i - \bar{x}}{S_x}\right)\left(\frac{y_i - \bar{y}}{S_y}\right)$ になる。これを**相関係数**と言い、r で表す。

j) 上式で、標準偏差を Σ の外に出し、$\dfrac{1}{n}$ の位置を変えて書き換えると $\dfrac{\dfrac{1}{n}\displaystyle\sum_{i=1}^{n}(x_i - \bar{x})(y_i - \bar{y})}{S_x S_y}$。この分子は共分散であるから、書き換えると、$r = \dfrac{S_{xy}}{S_x S_y}$ である。

k) つまり、$r = \dfrac{S_{xy}}{S_x S_y} = \dfrac{\dfrac{1}{n}\displaystyle\sum_{i=1}^{n}(x_i - \bar{x})(y_i - \bar{y})}{\sqrt{\dfrac{1}{n}\displaystyle\sum_{i=1}^{n}(x_i - \bar{x})^2}\sqrt{\dfrac{1}{n}\displaystyle\sum_{i=1}^{n}(y_i - \bar{y})^2}}$ である。

第 １５ 章

回　帰　分　析

１５－０．本章の概要

a) 本章では、データとデータの関係について、視覚的（直感的）に説明する散布図、統計的（数量的）に把握する相関分析を基礎に、さらに予測や因果関係をも説明しようとする回帰分析について学ぶ。

b) 具体的には、下図のような個人消費と百貨店販売額の関係について実習を行なう。

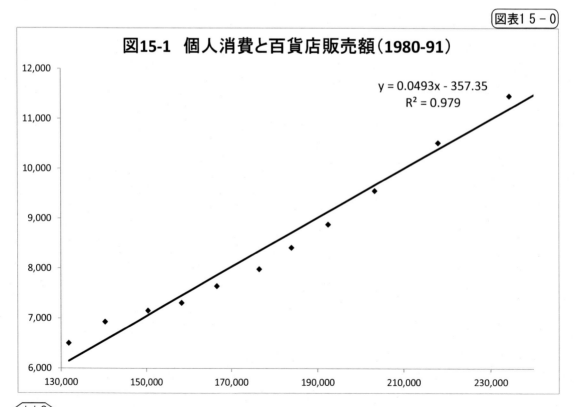

図15-1　個人消費と百貨店販売額（1980-91）

y = 0.0493x - 357.35
$R^2 = 0.979$

１５－１．回帰分析とは？

a) 回帰分析は、前章までに学んだ散布図や相関分析と大いに関係している。散布図は２つの変数の関係を視覚で確認できるし、相関分析は２つの変数間の関係の強弱を示す統計数値であるが、回帰分析は、もっと積極的に一方の変数から他方の変数を**予測**したり、２つの変数間の**構造**を考えたり、**変動要因**を考えたりする分析方法である。

b) 回帰分析では、原因と考えられる変数を**説明変数**（あるいは**独立変数**）、結果と考えられる変数を**目的変数**（あるいは**従属変数**）という。つまり、次のような対応があると考えるのである。

説明変数	関数 f	目的変数
X	⟶	Y
原 因	対 応	結 果

１５－２．線形回帰モデル

c) 今、n 個のデータからなる２つの統計系列、X（x1, x2, x3, …, xi, …, xn）と Y（y1, y2, y3, …, yi, …, yn）があるとき、この関係を Y=aX+b という直線で表現しようとするのが線形回帰モデルである。この時 X を説明変数、Y を目的変数と考える。

d) X と Y のデータ系列がわかっていれば、次のような分析が可能となる。

たとえば、

①消費の動向（X）から売上高（Y）を予想する。

②目標となる売上高（Y）から今期の宣伝広告費（X）を決定できる。

③さらに、複数都市間の人口密度（X）とコンビニの店数（Y）などから消費構造や都市構造を分析することができる。

などを分析できる。このように、回帰分析の対象や領域は多岐に渡り、我々に有益な知見をもたらす。

e) ところで、上記のような場合、目的変数 Y に対して、ひとつの説明変数 X でデータ分析を行なうので、**単回帰分析**と呼ばれる。また、Y = a（傾き）X + b（切片）という直線を**回帰式**という。

【トピック】回帰（regression）という表現について

　なお、回帰（regression）という表現は、19世紀後半に英国のフランシスコ・ゴードン卿が、背の高い親を持つ子供は背が低くなる傾向を示し、背の低い親を持つ子供は背が高くなる傾向を示すとして、回帰（regression）という用語を使ったことが最初とされている。人によっては、背の高い親からは背の高い子供が生まれるように理解する向きもあるが、そうならば、背の高い親を持つ世代が代々続いていけば、どんどん背が高くなって行くかというとそうでもない。背の

高い親から平均的な背の高さの子供が生まれ、平均的な身長に戻っていく傾向も見受けられるのである。現実世界では、平均身長の周辺に多くの人が存在しており、この分布状態は、栄養や生活習慣、自然環境が特に変わらない限り、大きく変わることはない。こうした現象をフランシスコ・ゴードン卿は、回帰（regression）と呼んだ。

＊＊日本人の平均身長が大きく伸びたのは、戦後ミルクや椅子の生活が欧米から入り、栄養や生活環境が激変したからだといわれている。日本人の平均身長は、平安時代以降、約千年間に渡り、緩やかな変化はあったものの、基本的にあまり変化しなかったと考えられている。

１５－３．回帰式のイメージ

a) それでは線形回帰モデルにおける回帰式は、どのように得られるのであろうか？　回帰式とは、上述したように Y=aX+b で表わされる直線のことであり、Ｘの系列とＹの系列のデータがわかっている時、推定するのは、a（傾き）とb（切片）である。

b) 今、Ｘ系列とＹ系列のデータがわかっている時、散布図に描くと、下図のようにデータのばらつきが表現できる。データの各点から回帰直線との誤差の距離（残差または誤差）をd、面積を d^2 とした時、面積 d^2 の和（２乗和）を最小にするような直線を求めることによって回帰式が得られる（これを最小２乗法という。）

c) より詳細な導出方法は、統計学の教科書にまかせるとして、実際の分析に主眼をおく本章では、さしあたり下図によって回帰式のイメージをもつことができよう。

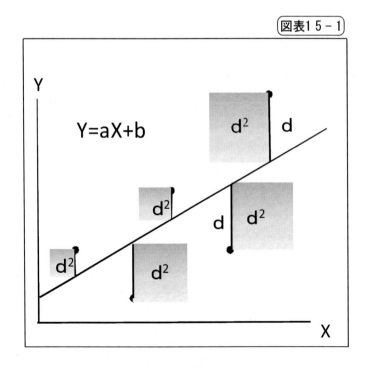

図表１５－１

15−4 仮説の設定

a) 次に実際のデータを用いて分析を行なうが、最初に次のような仮説を考えてみよう。

【仮説】「景気が良ければ消費が増え、百貨店の販売額は増加する」

b) しかし、この理由についてはもう少し深く考える必要がある。

c) というのは、実は、この仮説が(1)「景気が良い→消費が増える」ということと(2)「消費が増える→百貨店の販売額が増加する」という2つの条件（因果関係）の上に成り立っていて、このうちの(1)の部分は経済的な常識であって、そもそも、(1)のような（消費が増える）状態を景気が良いというので、いわば自明のことである。よって、それに引きずられて「YES」となってしまう人が多いかもしれない。

d) 問題は(2)である。消費が増えるならば、百貨店で買い物する人も増えるはずだから、「経済学」的な意味では「YES」である。しかし、「大丸−松坂屋」、「三越−伊勢丹」「阪急−阪神」の経営統合（2007）、「西武」の「そごう」買収（2009）など、マスコミの報道に関心があったり、再編の背景に百貨店業界の構造的な（不況）問題があったりということに興味がある人なら、「NO」と答えるかも知れない。

e) これは「現場実感」を大切にする「経営学」の立場でもある。こうして、立場の異なる違う意見がそれぞれの理由を明らかにして行くとき、「仮説」の真偽は、「理論」や「生活実感」の言明ではなく、「実証分析」の問題として処理されることとなる。

15−5 単回帰分析《実習》

15-5-1) 分析の準備

① ファイル15A.xlsxを各自のフォルダにコピーしてから立ち上げ、シート**百貨店マクロ分析**を出す。

f) データは1980年〜2007年までの28年間に渡る「民間最終消費支出」と「百貨店販売額」の2系列のデータである。このうち「民間最終消費支出」とは「個人消費」として一般に考えられているものである（→以後「個人消費」と呼ぶ）。

② 「個人消費」の単位が10億円、「百貨店販売額」の単位が百万円なので、単位を10億円でそろえるため、D3セルに＝**C3/1000**とインプットしてEnter。

③ D3セルを ，で整数表示にし、D30セルまでコピー。

g) なお、単位を百万円にそろえても、またはそのままのデータであっても、分析結果は同じである。ここでは見やすくするため、10億円にそろえた。

a）分析期間は、日本経済が成長していた80年代からバブル景気（1987〜91年頃）を経てバブルが崩壊し、その後「失われた10年」と言われる期間を含んだ2007年までの27年間である。まず全期間を対象に（前章と同様にして）散布図を描く。

①B3〜B30セル、D3〜D30セルを範囲設定し、「挿入」リボンの散布図（マーカーのみ）でグラフを作成（シート上のオブジェクトのままでよい）。見やすくするために次の作業を行う。

②凡例（があれば、そ）の上でクリックし、デリート・キーをたたいて削除。

③縦軸および横軸目盛の最小値と最大値を適当な値に変更する（p.55②およびp.84⑥・⑦参照）。およそ右図のようになる。

④縦軸目盛線を削除（P.83④参照）。

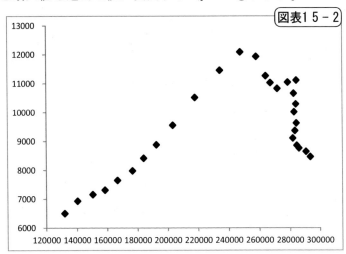

図表15−2

b）この図からは、前章で学んだ相関関係があるようには見えない。それどころか、係数が負の2次関数かもと思える。

c）ここで、上記「バブル崩壊」に注目しよう。すなわち、1991年までとそれ以降の時期に区分し、2つの散布図を作るのである。

d）第2章で検討したように、百貨店販売額は1992年に前年割れとなり、翌93年はさらに落ち込んだのである（その後の推移および品目別推移については、**大型百貨店.xlsx**を参照のこと）。

15-5-2）近似曲線入り散布図

⑤B3〜<u>B14</u>セル、D3〜<u>D14</u>セルを範囲設定し、「挿入」リボンの散布図（マーカーのみ）でグラフを「新しいシート」上に作成する（p.97⑤・⑥参照）。

⑥上記②〜④の作業を行う。

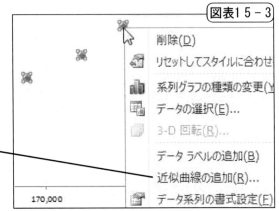

図表15−3

e）正の相関関係がありそうである。このようなとき、次の作業をする。

⑦任意のプロット上（点の上ならどこでもよい）で右クリックし、**近似曲線の追加**をクリック。

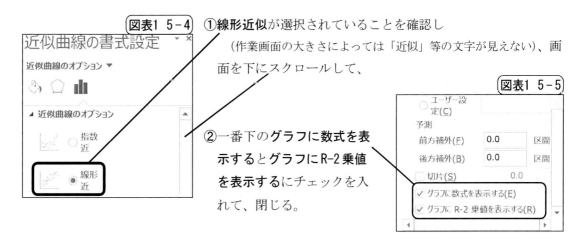

①**線形近似**が選択されていることを確認し

（作業画面の大きさによっては「近似」等の文字が見えない）、画面を下にスクロールして、

図表1 5-5

②一番下の**グラフに数式を表示する**と**グラフにR-2乗値を表示する**にチェックを入れて、閉じる。

a) この結果、

回帰式 y = 0.0493x − 357.35　と　R^2= 0.979　を得る。

b) 回帰線は右上がりである。この意味は、個人消費（X系列）が増加している時、百貨店販売額（Y系列）も上昇しているということである。

c) ここで、「R−2乗値」とは相関係数Rを2乗したものであり、「アール・スクエア」または**「決定係数」**と呼び、当てはまり具合を知る指標である。時系列データの場合、0.9以上で相関がある、とされることが多い。

d) この場合、0.979なので、回帰線の当てはまりが非常に良く、前述の【仮説】「景気が良ければ消費が増え、百貨店の販売額は増加する」は、支持されると考えてよい。

e) したがって上式から、1980−91年にかけては、10億円ほど個人消費が伸びた時、その約4.9%分が百貨店販売額に回ったと予想できる。…Xの係数が0.0493

③ここで、グラフのタイトルをp.116**図表15-1**と同様にタイプしておく。

f) 次に、同様にして1992年〜2007年について、グラフを描く。

④前ページ⑤、⑥と同様の作業を行う。指定する範囲はB15〜B30セル、D15〜D30セル。下図のようなものが得られる。

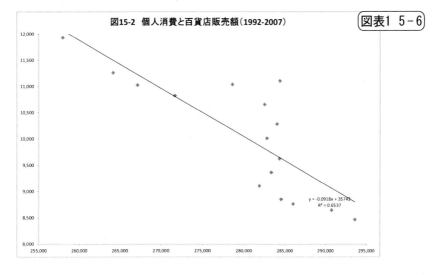

図15-2　個人消費と百貨店販売額（1992-2007）　　図表1 5-6

y = -0.0918x + 35743
R^2 = 0.6537

a) この結果、

　回帰式　　y = -0.0918x - 35742　　と　R²= 0.6537　　を得る。

b) つまり、個人消費が 10 億円増加すると、百貨店販売額が 9 千万円程度（0.0918 ＝ 9.18%）が減ってしまうという推計結果になっている。これは、1980 年〜91 年の結果とはまるで逆である。

c) ところがR²= 0.6537 であり、「目視」レベルでも回帰線それ自体の当てはまりが良くないことから、百貨店販売額（Y系列）を減らすのは個人消費（X系列）の増加ではなく、他の何らかの要因によって説明されるのではないかという推論ができる。

d) 百貨店業界は、この 28 年間に渡る分析結果から、「消費が増えると百貨店の販売額は増加する」という仮説は、分析の前半期（1980 年〜91 年）では支持されるが、後半期（1992 年〜2007 年）においては支持されない。

e) バブル経済崩壊（1991、2年頃）の以前と以後では全く業界構造が変わってしまっていると考えられる。特に分析期間の後半期では個人消費の値が大きい時でさえも、百貨店の販売額は減少しているのである。このように回帰分析は、業界の構造分析を行なう際にも有益である。

練習問題１５

f) 宣伝広告（CM）費とは、売上高（販売額）を伸ばすために使われるという。もしそうなら、百貨店別のデータから、CMを売上に結びつける上で、もっとも効率よく営業している百貨店は、どこだろうか。

　　ヒント：求められた回帰式から、CMが１億円増加した場合の売上高の増加を推計（予想）してみるとよい。また、回帰式の妥当性はR²（決定係数）から考慮することも忘れてはならない。

① ファイル15A の「百貨店別分析」のシートをみよう。これは、1980 年〜2007 年の大手百貨店 7 社（高島屋、三越、大丸、松坂屋、伊勢丹、阪神百貨店、近鉄百貨店）の宣伝広告（CM）費と売上高（販売額）のデータである。（一部 #N/A とあるのは、欠落値である。）

② それぞれ、散布図、回帰線、回帰式、R²値を導出し、比較検討する。時期を区切った検討も有益である。

③ レポート執筆の際、CMを効率良く使っているか、という視点で考察しよう。

④ また、「宣伝広告（CM費）とは、売上高（販売額）を伸ばすために使われる」という仮説についても検討してみよう。

ビジネスデータ分析入門　　2020改訂版

2020年 4月 1日　　初版発行

阪南大学経営情報学部BD分析研究会編

定価（本体価格1,600円＋税）

発行所　　株 式 会 社　三 恵 社
〒462-0056　愛知県名古屋市北区中丸町2-24-1
TEL 052(915)5211
FAX 052(915)5019
URL http://www.sankeisha.com

乱丁・落丁の場合はお取替えいたします。
ISBN978-4-86693-226-2 C3033 ¥1600E